FACULTÉ DE DROIT DE PARIS

DES MUNICIPES

EN DROIT ROMAIN

DES BIENS COMMUNAUX

EN DROIT FRANÇAIS

THÈSE POUR LE DOCTORAT

Par Victor DU BLED

AVOCAT A LA COUR DE PARIS

SECRÉTAIRE GÉNÉRAL DE LA PRÉFECTURE DES HAUTES PYRÉNÉES

TARBES

TH. TELMON, IMPRIMEUR DE LA PRÉFECTURE

1872

/
7*

DES MUNICIPES

EN DROIT ROMAIN

DES BIENS COMMUNAUX

EN DROIT FRANÇAIS

THÈSE POUR LE DOCTORAT

Par Victor DU BLED

Né à St-Rémy (Marne)

AVOCAT A LA COUR DE PARIS

SECRÉTAIRE GÉNÉRAL DE LA PRÉFECTURE DES HAUTES-PYRÉNÉES

Soutenue le Mercredi 5 Juin 1872, à 2 heures.

Président : M. GIRAUD, Inspecteur général des Ecoles de droit

Suffragants :
MM. VALETTE
COLMET DE SANTERRE } Professeurs
GÉRARDIN
GARSONNET Agrégé

TARBES

TH. TELMON, IMPRIMEUR DE LA PRÉFECTURE

1872

A MON ILLUSTRE PROTECTEUR

M. ERNEST PICARD

DÉPUTÉ A L'ASSEMBLÉE NATIONALE

AMBASSADEUR DE LA FRANCE EN BELGIQUE

Hommage de ma très-respectueuse et
très-profonde reconnaissance.

V. DU BLED.

DES

BIENS COMMUNAUX (1)

AVANT-PROPOS.

Le domaine public s'entend des choses qui, affectées à
l'usage du public, comme les routes, rues, article 538
Code civil, ou à un service public, comme les portes,
murs, fossés, etc., article 540, ne peuvent pas être
l'objet d'une appropriation exclusive, et se trouvent reti-
rées à la propriété individuelle et au commerce pour être
affectées aux besoins de chacun. Ce domaine se divise en

---

(1) Voir Henrion de Pansey *(Des biens communaux et de la
police rurale)*.

domaine public national, départemental, communal, et demeure toujours inaliénable et imprescriptible, mais on lui donne une des trois dénominations, suivant que la surveillance et l'entretien des choses qui en font partie incombent à l'Etat, aux départements ou aux communes, et suivant qu'elles doivent faire retour à l'un d'eux à titre de propriété ordinaire, en cas de cessation de leur destination.

Le domaine public communal comprend : 1° le territoire ; 2° les choses sacrées ; 3° les établissements publics ; 4° les choses qui font l'objet de la voirie urbaine ou de la petite voirie ; 5° les chemins vicinaux ; 6° les chemins publics qui ne sont ni grandes routes, ni chemins vicinaux.

Le territoire n'est pas, à proprement parler, parmi les choses qui sont à l'usage commun, mais les différentes parties de la commune forment une unité, sur laquelle la juridiction municipale peut s'exercer, et de laquelle la commune tire aussi des avantages au moyen des centimes additionnels qu'elle peut imposer aux propriétés qui forment son territoire.

En droit romain, les *res sacræ* et les *res religiosæ* étaient inaliénables à cause de leur propre caractère ; notre droit n'a pas reconnu cette division des *res divini juris ;* on range cependant les églises et les cimetières dans le domaine public communal à cause de la destination reçue. Pour les églises construites par la commune, elles font certainement partie de son domaine ; pour celles qui existaient avant 1789 et qui ont été rendues au culte en vertu de la loi du 18 germinal an X, il y a eu doute ; on s'est demandé à qui, de l'État, des communes ou des fabriques, elles devaient appartenir. Deux avis du Conseil d'État, ayant force de loi, l'un du 3 nivôse, l'autre du 6 pluviôse an XIII, ont tranché la question en faveur des communes, parce que les églises servent plus particulièrement à l'usage des habitants. L'argument sur lequel on s'appuie pour placer les églises dans le domaine public, c'est que l'article 12 du concordat et l'article 75 de la loi de germinal portent : « Les églises non aliénées seront *remises* à la disposition des évêques » ; or, on a voulu dire par cette expression qu'elles seraient restituées dans le même état qu'antérieurement et demeureraient inaliénables et imprescriptibles.

On peut ranger dans le domaine public communal les Hôtels-de-Ville, les édifices affectés à l'instruction publique, les bibliothèques, les musées communaux avec les objets qui en dépendent, les halles et en général tous les bâtiments destinés à un service public. Beaucoup de ces édifices ont appartenu à l'État, et les communes en sont devenues propriétaires en vertu du décret du 9 avril 1811.

La quatrième catégorie comprend les rues et les places publiques. C'est en effet à la commune qu'incombe la nécessité d'acheter le terrain (art. 51 de la loi du 15 septembre 1807) et elle ne peut empêcher personne d'y passer ; toute rue est présumée lui appartenir ; il en est de même des places, promenades, etc., et des arbres qui sont plantés sur elles, en vertu de la maxime : *accessorium solo cedit.*

Les chemins vicinaux font partie du domaine public

communal; mais devons-nous en dire autant des chemins *ruraux?* en d'autres termes la présomption de propriété est-elle en faveur de la commune ou des riverains? En second lieu ces chemins peuvent-ils être prescrits? Lorsqu'il s'agit de chemins vicinaux, la question de propriété des riverains ne peut pas se poser, puisque, aux termes de l'article 15 de la loi du 21 mars 1836 « l'arrêté portant reconnaissance et fixation de la largeur d'un chemin vicinal, attribue définitivement au chemin le sol compris dans les limites qu'il détermine, et le droit des propriétaires se résout en une indemnité. » Cette loi n'est pas applicable aux chemins ruraux, mais, par cela même que le public a été longtemps en possession de se servir d'un chemin, il y a, ce semble, présomption de propriété communale. Ou bien ces chemins doivent leur création à un long usage pratiqué par les habitants, et dû à une concession des propriétaires, ou bien ils sont le résultat d'une prescription acquisitive accomplie par le corps moral qu'on appelle le public, et dans les deux cas on peut dire : *inveterata consuetudo pro lege non immerito custoditur.* On peut invoquer à l'appui de cette doctrine l'opinion des jurisconsultes Pothier et Denisart, mais elle n'est pas universellement admise (sic Cassation 18 juin 1853, 18 janvier 56; contra Cassation 9 décembre 1857).

La cour de Cassation avait d'abord décidé, le 3 mars 1846, que les chemins ruraux faisaient partie du domaine public communal; mais depuis on a accueilli une autre doctrine. L'article 10 de la loi du 21 mai 1836, a-t-on dit, a déclaré les chemins vicinaux imprescriptibles;

a contrario, le sol des chemins ruraux est prescriptible et peut être l'objet d'une action possessoire, s'il a été commis une anticipation pendant plus d'un an (sic Tribunal des Conflits, 27 mars 1851 ; Cassation, 18 juin 1853, 7 juillet 1854). Notre savant maître M. Buffnoir, dans son cours de droit français, soutient qu'il y a là un véritable abandon des principes ; selon lui, les arguments *a contrario* ne doivent être acceptés que quand ils font rentrer dans le droit commun, et ici l'argument mis en avant porte atteinte au principe de l'article 2226 du Code civil qui défend la prescription du domaine public. De ce qu'un chemin n'a pas été classé, il ne s'ensuit pas qu'il ne fasse pas partie du domaine public, car le classement n'a pas pour objet de créer la publicité, mais seulement d'affecter au chemin des ressources spéciales et de le soumettre à des règles particulières qui en facilitent l'ouverture, le redressement, l'élargissement, etc.; ce qui fait une chose publique, c'est l'usage que le public s'en fait à lui-même, et les chemins ruraux rentrent dans cette définition.

Domaine privé des communes. — Les biens du domaine privé des communes sont ceux qui leur appartiennent, comme ils pourraient appartenir à des particuliers ; ils sont dans le commerce aliénables et prescriptibles.

Ils se subdivisent en :

1° Biens patrimoniaux, comprenant ceux dont la commune jouit immédiatement par elle-même ou dont elle perçoit directement le revenu au profit de la caisse communale : tels sont les bâtiments, maisons, usines qui seraient loués par la commune, les domaines ruraux affermés ou exploités à son profit, etc.;

2° Ceux qu'on appelle *biens communaux proprement dits*, dont la jouissance est laissée en nature aux habitants qui envoient leurs bestiaux dans les pâturages ou qui reçoivent chacun une part dans les fruits, au moyen d'une répartition faite par l'administration communale. Tels sont les terres vaines et vagues, gastes, garrigues, landes, pacages, pâtis, ajoncs, bruyères, bois communs, hermés, vacants, palus, marais, marécages, montagnes, etc.

Il y a intérêt à faire cette distinction : par exemple, si une section de commune est distraite pour être érigée en commune nouvelle ou rattachée à une autre, elle conserve son droit à la jouissance des communaux de l'ancienne commune, tandis qu'elle ne participe plus au produit des biens patrimoniaux.

Nous nous occuperons dans cette étude du domaine privé de la commune et plus spécialement des biens communaux proprement dits.

Notre travail se trouvera naturellement divisé en trois parties :

1° Le droit romain ;

2° Le droit historique ;

3° Le droit moderne, depuis 1789 jusqu'à nos jours.

DROIT ROMAIN

SECTION I.

DES MUNICIPES. — LEUR HISTOIRE.

Les Romains ayant eu à combattre contre divers peuples et ayant éprouvé de leur part des fidélités et des défections très diverses, avaient dû les traiter d'une manière inégale, comme l'empereur Claude l'exprime dans un discours rapporté par Tacite, en disant : « que les magistrats patriciens passaient après les Plébéiens, les Latins après les Plébéiens, les autres nations de l'Italie après les Latins, et les étrangers après les Italiens. » Ces diverses espèces de droits étaient réglées par des traités d'alliance conclus par ordre du peuple, et confir-

més par le Sénat; tantôt ils étaient imposés à des ennemis vaincus, tantôt ils étaient contractés librement après
des succès égaux à la guerre, tantôt c'étaient des pactes
d'alliances faits en pleine paix.

On peut diviser en trois périodes ces manifestations
successives de la politique du peuple romain, qui sut,
du titre de citoyen, faire une chose enviable par tous
les priviléges et avantages qu'elle y attacha, et l'on peut
avancer que l'histoire des peuples soumis à son immense
domination n'a été qu'une lutte constante pour arriver à
l'égalité absolue de droits politiques et privés avec leurs
vainqueurs.

PREMIÈRE PÉRIODE.

Les commencements de Rome, on le sait, furent des
plus modestes; Romulus fut obligé d'ouvrir un asile
et d'organiser le rapt pour peupler sa cité naissante;
dès lors, il ne faut pas s'étonner de trouver au début
une simple magistrature romaine; là est le municipe,
là est la République, là est l'État. « Toutes les magistratures de Rome, dit notre savant maître M. de
Valroger, n'étaient, à vrai dire, que la magistrature
d'une ville qui devint la maîtresse du monde et dont
le gouvernement dut subir un changement inévitable par
suite de ce développement de puissance extraordinaire. »
Au début, Rome prodigue à tous venants ce droit de cité
dont elle deviendra si avare. Elle pratique l'*absorption*,
elle s'incorpore une partie et même toute la nation vaincue. Plus tard, lorsque ce système a amené une exubé-

rance de population, elle tire de son sein un certain
nombre de citoyens pour les envoyer fonder des colonies.
C'est le système des *deductiones, Coloniæ*, auquel Ma-
chiavel a attribué la gloire d'avoir consolidé l'empire.
Les citoyens de Rome, transportés à l'étranger, y empor-
taient avec eux les priviléges dont ils jouissaient dans la
métropole, leurs dieux, leurs rites, un Sénat, les magistrats, les usages, les lois, les spectacles de Rome, dont
la colonie devenait pour ainsi dire une image : « *Populi
romani coloniæ quasi effigies parcæ, simulacra que quæ-
dam esse videntur.* »

L'Allemand Niebuhr a pu comparer avec originalité les
colonies romaines aux établissements fondés en Orient
par les Francs au temps des Croisades, et que les *Assises
de Jérusalem* nous montrent comme une France féodale
au petit pied. Les colonies différaient des municipes :
1º par leur origine, elles étaient en quelque sorte tirées
de la cité romaine, tandis que les municipes y étaient
introduits ; 2º par leur régime civil et municipal. Ces
derniers gardaient dans une certaine mesure leurs institutions, tandis que les colonies n'avaient que celles de
Rome ; 3º par leur régime politique, car la qualité de
membre d'un municipe pouvait être un titre à l'acquisition
des droits de suffrage et d'honneur, tandis que les Romains ne pouvaient l'acquérir.

Le trait caractéristique de la politique du Sénat, c'est
la diversité avec laquelle sont traités ses amis ou ses
ennemis ; tantôt c'est le *jus civitatis* dans sa plénitude
que l'on accorde, tantôt le *jus suffragii*, le *jus connubii*,
le *jus commercii* ; ainsi les peuples alliés aux Romains

qui habitaient l'Italie jusqu'au Rubicon, sauf le Latium, jouissaient du *jus italicum*, qui paraît avoir eu pour objet l'immunité de certains impôts et quelques démembrements du droit de cité romaine, tels que la jouissance de la propriété quiritaire ; leur condition semble avoir différé de celle des Latins en ce que ceux-ci avaient plus de facilité à acquérir le *jus civitatis*, et dans la participation à certains sacrifices auxquels les Italiens ne furent jamais admis. Il paraît aussi, contrairement à l'opinion de M. de Savigny, que le *jus italicum* n'entraînait pas de plein droit la concession d'une constitution municipale indépendante.

Les Latins étaient ceux qui se rapprochaient le plus des citoyens romains ; ils avaient avec eux identité de race, de langue, de coutumes, et dans le principe ils devaient avoir une communication du droit de cité ; ils possédaient le *jus commercii*, le *jus connubii*, et dans une certaine mesure le *jus suffragii ;* car le magistrat présidant les comices pouvait appeler à voter dans une tribu ceux qui se trouvaient à Rome. Lorsque Rome fut agrandie, elle leur retira ces droits, et, dit Montesquieu « la plupart de ces peuples se souciaient peu alors du droit de bourgeoisie chez les Romains, et quelques-uns aimaient mieux garder leurs usages. » Ils se contentèrent du titre d'alliés ; mais au cinquième siècle de Rome, las de combattre toujours sans aucune compensation pour eux, ils demandèrent le *jus civitatis*, les armes à la main. Leur révolte fut domptée, et les Latins, en exceptant toutefois ceux qu'on a appelés *Latini veteres*, et qui étaient restés fidèles, n'eurent plus de commun avec les Romains que le *jus commercii*. Tous les autres sujets de Rome étaient rangés dans la classe des pérégrins, mais il y avait des *populi socii*, des *populi liberi*, des *populi fundi*, des *reges amici*, des *præfecturæ*, des *civ... es fœderatæ*, des *provinciæ*.

La dernière classe de tous les sujets étaient celle des provinces ou pays soumis par les armes : « *Provinciæ appellabantur quod populus Romanus eas proricit, id est antea vicit*, dit Festus. » Elles eurent à souffrir un joug de fer sous la République : on leur enleva la propriété de leur biens, pour ne leur en laisser qu'une partie en usufruit; on leur fit payer de lourds impôts en signe de servitude; les proconsuls eurent sur les provinciaux droit de vie et de mort et purent frapper à leur gré des contributions extraordinaires.

Les municipes eux-mêmes, sur lesquels notre attention doit plus particulièrement se porter, n'étaient point dotés partout du même droit; quelquefois le droit de cité était conféré sans le droit de suffrage qui était le caractère essentiel de l'*optimum jus civitatis*. La ville qui voulait obtenir la *civitas optimo jure* devait adopter le droit civil et politique des Romains. L'habitant du municipe ainsi fait *fundus* acquérait tous les droits de cité; il jouissait du droit de suffrage à Rome et pouvait briguer toutes les magistratures. Sa ville n'était plus qu'un démembrement, une espèce de faubourg de Rome, de sorte qu'il avait pour ainsi dire deux patries, comme le remarque Cicéron, celle de la nature et celle de la cité. *Roma communis nostra patria est*, disait le préfet du Prétoire Ulpien, qui était de Tyr. Les villes municipales ne sont plus de petites républiques,

ce ne sont que les différents membres d'un grand corps
politique, et leurs magistrats, au lieu de gouverner une
République, ne sont plus que les administrateurs particuliers d'une ville. Niebuhr a pu comparer toutes ces villes
qui étaient comprises dans l'état romain aux différents
états de l'Amérique septentrionale qui sont compris dans
l'Union fédérale.

Toutefois, il n'était pas dans la politique des Romains
d'effacer d'un seul coup le passé d'un peuple ou d'une
ville. Leur politique déguisait autant que possible leur
influence et leur suprématie, et là même où ils sapaient
les institutions par la base, ils en conservaient encore les
formes pour faire croire, par ces vains simulacres, aux
peuples soumis, à un reste d'autonomie, erreur qui leur
fit porter plus docilement le joug du vainqueur. Aussi,
ceux-ci avaient conservé une autorité absolue sur le culte
et sur les cérémonies religieuses, sur la police intérieure,
sur l'élection de leurs magistrats, la construction et l'entretien de leurs édifices, l'administration de leurs finances
qui ne se mêlaient pas avec celles des Romains. Pour
parler le langage moderne, ils subissaient une forte centralisation politique et jouissaient d'une décentralisation
administrative très étendue.

DEUXIÈME PÉRIODE.

De l'an 416 de Rome jusqu'en 664, c'est-à-dire depuis
la guerre latine jusqu'à la guerre sociale, de graves événe-
ments s'étaient passés en Italie. Comme autrefois les villes
du Latium avaient demandé le droit de cité complet, l'Italie

tout entière s'était levée menaçante pour réclamer, de
gré, ou de force, l'égalité complète. Rome résista d'abord,
mais après une lutte acharnée, elle accorda ce qui lui
était demandé. Une première loi de Julius Cæsar (loi
Julia) accorda d'abord le droit de cité à tous les Latins
qui étaient restés fidèles, et l'année suivante, la loi Plauta.
Papiria étendit ce privilège à toute l'Italie. Il paraît
infiniment probable qu'à cette époque, la constitution
intérieure des municipes fut réglée par une loi générale ;
lex Municipalis. On ne la trouve pas au Digeste, mais
M. de Savigny pense que nous en possédons un fragment
dans la table d'Héraclée qui fut découverte en 1732 près
du golfe de Tarente, sur le territoire de l'ancienne ville
d'Héraclée. Dès lors les municipes, les colonies et les
préfectures sont traités sur le même pied.

Il semble au contraire que le régime municipal ne fût
point octroyé aux provinces par une loi unique comme en
Italie, mais par une succession de lois spéciales et locales
qui organisèrent un jour telle ville, un autre jour telle autre
ville. M. de Vabroger croit que cette opinion, déjà très
vraisemblable auparavant, vient d'être pleinement démon-
trée de nos jours par la découverte des statuts municipaux que Domitien donna à deux villes de l'Espagne,
et qui portent le nom de Salpenza et de Malaga. (1)

(1) Ces tables, découvertes en 1851, furent publiées par un
savant de Malaga. Toute l'Allemagne savante s'émut à leur appari-
tion. En France, M. Laboulaye, de l'Académie des sciences morales et politiques, en contesta l'authenticité dans un mémoire très
brillant. M. Giraud, mon éminent professeur, membre de l'Institut,

Le travail d'assimilation va dès lors se faire progressivement, et il n'existera entre toutes les cités de l'empire que des différences tout à fait secondaires ; il arrivera un temps où tous les sujets de l'empire ne seront plus égaux que devant la servitude.

Dans les premiers siècles de l'ère chrétienne la constitution des municipes est la même que sous la République : on trouve toujours le peuple, le Sénat, les magistrats ; mais le pouvoir du peuple disparaîtra peu à peu : il subsista pourtant plus longtemps qu'à Rome. Cette période, qui va jusqu'à Constantin, est la plus belle et la plus glorieuse pour les municipes. C'est celle où le pouvoir municipal est dans toute sa force, où c'est un honneur de faire partie de la curie. La politique du Sénat et des empereurs a été merveilleusement retracée par un de nos plus illustres historiens, M. Amédée Thierry, dans son magnifique *Tableau de l'Empire romain*. Nous reproduisons une partie du résumé qu'il a donné lui-même de cet ouvrage, où il unit au grand style de son frère M. Augustin Thierry, l'érudition et la science d'un Niebuhr et d'un Savigny : « J'ai montré, nous dit-il, comment l'association romaine s'étend d'abord par des agrégations matérielles, comment ensuite interviennent les concessions de droits. Les alliés et les vaincus italiens,

---

lui répondit dans des lettres pleines d'érudition et fit pencher la balance de son côté. Aujourd'hui, personne, pas plus en France qu'en Allemagne, no doute de l'authenticité de ces tables, qui sont un véritable monument juridique.— On peut, pour l'étude en détail de ces lois, consulter l'ouvrage de Zwinderen intitulé *(Disputatio de aere Malacitana et salpensana.)*

classés autour de Rome dans des conditions diverses et
inégales, s'élèvent graduellement jusqu'à elle. Le parti
démocratique favorise l'extension de la communauté et le
nivellement des conditions ; le parti aristocratique combat
l'un et l'autre. La guerre sociale éclate ; elle a pour résultat l'unité de l'Italie.

Le tour des provinces arrive bientôt. Dans le but
d'obtenir aussi une place à droit égal dans l'association,
elles s'allient au parti du peuple contre celui du Sénat ; la
République est renversée, et le principe de l'égalité
universelle est reconnu sur les ruines de la liberté
aristocratique.

Alors commence, sous la direction du gouvernement
impérial, un long travail de centralisation administrative
et politique. Chaque province est admise, plus tôt ou plus
tard, suivant son degré de civilisation, à la jouissance des
institutions de la cité et à l'égalité des droits ; la constitution de Caraca'la établit l'unité politique de l'Empire.

En même temps, par l'action des écoles publiques, par
la propagation des langues latine et grecque, par l'étude
des mêmes modèles, par la mise en commun de toutes
les idées, il se forme parmi tant de nations diverses une
sorte d'unité intellectuelle qui marque de son cachet, d'un
bout à l'autre du monde, les sciences, la littérature et les
arts. Le droit des gens, droit des nations vaincues, après
s'être élevé à côté du droit quiritaire, droit primitif de
Rome, se substitue peu à peu, et l'unité du droit civil est
créée.

Mais vainement le gouvernement romain travaille à
fonder l'unité religieuse par la réunion et la fusion de tous

les cultes de l'Empire. Le christianisme, appuyé sur la conscience de sa vérité et de sa morale, lutte seul contre tous, triomphe de tous, et apporte à la société romaine sa dernière unité. »

Pendant les trois premiers siècles de l'empire, la vie des municipes avait augmenté, et les libertés municipales avaient un peu dédommagé les citoyens de la perte de toute liberté politique. Les impôts qui étaient levés par l'État n'étaient pas encore trop lourds, et les villes avaient des revenus qui leur permettaient d'élever des édifices, des théâtres, qui suffisaient amplement à leurs besoins. Un quart des revenus de la cité y était toujours employé; mais à partir du quatrième siècle de notre ère, la vie municipale cessa tout à fait, et on ne rencontra plus dans tout l'Empire que la misère la plus affreuse.

La société, nous dit M. Amédée Thierry, se partage en classes qui tendent à s'immobiliser, et l'on peut faire remonter à ce temps la première constitution du Colonat. La population rurale, en partie d'origine servile, en partie tombée dans la servitude par suite de sa misère, trouve dans cette institution une sauvegarde contre la tyrannie des possesseurs. La loi se substitue aux maîtres pour disposer de la classe qui nourrit l'Empire. Le serf n'appartient plus à un homme; il dépend du sol auquel il est attaché comme instrument de culture et de l'État pour qui il est un gage de paiement de l'impôt. Ainsi, on semble emprunter à l'Inde, à l'Égypte, leurs castes; on vivra, on mourra fatalement dans la profession de ses pères. Le curialis sera condamné à la curie, comme on condamnerait aujourd'hui au bagne.

On voit poindre d'ici toutes les misères de la grande propriété à esclaves, qui ont fait dire avec tant de vérité : *latifundia perdidere Italiam.* Les empereurs eurent trois dangers à conjurer, dit M. Guizot (1). « Les Barbares, qui avançaient toujours et qu'il fallait vaincre ou acheter ; la populace qui augmentait toujours et qu'il fallait nourrir, amuser et contenir ; les soldats, seule force contre ce double péril, et force d'autant plus périlleuse elle-même qu'il fallait l'entendre et lui accorder chaque jour davantage. »

Pour combattre ces trois ennemis, que de ressources ne fallait-il pas ? Dioclétien trouva pourtant le moyen de de se les procurer. Il étendit sur toute la surface de l'Empire un réseau de fonctionnaires qui eurent pour principale mission d'en extraire les forces et les richesses pour venir ensuite les déposer à ses pieds. Dès lors commence la confiscation des propriétés municipales et la ruine de leurs magistrats. D'autre part, les empereurs qui tenaient entre leurs mains le sort de tous les habitants de l'Empire, exemptèrent des charges municipales et de certains impôts les hommes et les classes qu'ils avaient besoin de s'attacher. Ainsi pour les clercs et les membres du clergé chrétien. Ce privilége, accordé aux chrétiens par les empereurs, nous fournit l'occasion d'étudier la dernière

(1) Voir l'admirable ouvrage de M. Guizot, intitulé : *Essais sur l'histoire de France.*

2

phase ou plutôt les dernières lueurs du régime municipal romain. « Pendant près de trois siècles, nous dit notre grand historien national M. Guizot, la société chrétienne se forme sourdement au milieu de là société civile des Romains, et pour ainsi dire sous son enveloppe. Ce fut de très bonne heure une société véritable qui avait ses chefs, ses lois, ses dépenses, ses revenus. L'habitant d'un municipe devenu chrétien cessait d'appartenir à la ville pour entrer dans la société chrétienne dont l'évêque était le chef. Là seulement étaient désormais sa pensée, ses affections, ses maîtres et ses frères. Aux besoins de cette association nouvelle étaient dévoués, s'il le fallait, sa fortune et son activité ; là enfin se transportait en quelque sorte son existence morale tout entière. Lorsqu'un tel déplacement s'est opéré dans l'ordre moral, il ne tarde pas à se consommer dans l'ordre matériel. La conversion de Constantin déclara, en fait, le triomphe de la société chrétienne et en accéléra le progrès. Dès lors on vit la puissance, la juridiction, la richesse affluer vers les églises et les évêques, comme les seuls points autour desquels les hommes fussent d'eux-mêmes disposés à se grouper et qui exerçassent sur toutes les forces sociales la vertu de l'attraction. Ce ne fut plus à sa ville, mais à son église, que le citoyen eut envie de donner ou de léguer ses biens. Ce ne fut plus par la construction des cirques, des aqueducs, mais des temples, que l'homme riche éprouva le besoin de se recommander à l'affection publique. La *paroisse prit la place du municipe.* »

Il ne faut pas, avec Roth, accuser Constantin d'avoir détruit les municipes ; il faut, comme nous venons de le faire, rechercher dans le passé les causes de ce phénomène, car « les secousses qu'on appelle révolutions sont moins les symptômes de ce qui commence que la déclaration de ce qui s'est passé. » Gardons-nous cependant de croire que les institutions municipales disparurent entièrement du monde Gallo-Romain, malgré le décret de suppression de Léon le Philosophe. Elles furent conservées, au contraire, par le droit ecclésiastique. Ainsi, nous pouvons dire que le régime municipal romain a traversé l'époque franque sous le pavillon du droit ecclésiastique. Les Barbares, en effet, se poussent successivement les uns les autres, jusqu'à ce que les Lombards en Italie, les Germains en Gaule, s'implantent pour toujours, apportant avec eux les germes d'une civilisation nouvelle. C'est alors que le régime municipal romain fait alliance avec le *mallum* germanique, pour donner naissance au mouvement communal des douzième et treizième siècles.

SECTION II.

ORGANISATION DES MUNICIPES.

————

Nous devons considérer les municipes sous deux rapports : d'abord comme association spéciale ayant le droit de s'administrer ; et en second lieu, comme une personne civile, juridique, être fictif et de raison, ayant des biens et des intérêts distincts de ceux de l'Etat et des particuliers. Le gouvernement des municipes avait été calqué sur celui de la métropole, *regiæ urbis instar*, nous dit Justinien dans sa Novelle 38. Si nous nous transportons à Rome à l'époque de la République, nous trouvons trois grands pouvoirs qui jouent un certain rôle dans l'administration : 1° le peuple ; 2° le Sénat ; 3° les magistrats. Ceux-ci agissent, le Sénat délibère, et au-dessus plane le pouvoir suprême du peuple. C'est l'application du fameux principe : agir est le fait d'un seul, délibérer est le fait de plusieurs. L'examen de la composition et du rôle de ces trois corps politiques est nécessaire avant de passer à l'étude de l'administration en elle-même et des objets sur lesquels elle porte.

1° Le peuple.

Les habitants des municipes étaient divisés en deux classes bien distinctes : les *municipes originarii* et les *incolæ*. Les premiers étaient les citoyens proprement dits ; ils tenaient à la cité par un lien d'origine ; les seconds, simples habitants, tenaient à la ville par la relation qui constitue le domicile et qui change avec lui. Le simple *incola*, celui qui n'avait que le *jus incolatus* n'était ni électeur, ni éligible. Le *municeps*, au contraire, qui avait le *jus originis* était citoyen de la République municipale ; il avait le droit de voter dans les comices et de se présenter aux suffrages de ses concitoyens pour arriver aux magistratures, honores, de la cité. Quant aux charges, elles étaient absolument les mêmes.

Le peuple de la cité, ainsi composé de ces deux classes, avait, sous la République, le pouvoir législatif, le pouvoir électoral et même le pouvoir judiciaire au grand criminel. Mais, sous l'Empire, tous ces pouvoirs lui furent successivement enlevés les uns après les autres. Ainsi, le pouvoir législatif et le pouvoir judiciaire ne survécurent pas aux premiers empereurs, et même on peut dire qu'en Italie le pouvoir législatif des municipes disparut à l'époque de la *lex Julia municipalis*, pour passer d'abord au Sénat et ensuite aux empereurs. Le pouvoir électoral dura plus longtemps ; les tables de Malaga donnent sur ce point de précieux détails et prouvent que, sous le règne de Domitien, le peuple des villes municipales, ou tout au moins de certaines villes, avait conservé la plénitude de ses droits électoraux. Mais d'une manière ou d'une autre, un peu plus tôt ou un peu plus tard, ce droit finit par disparaître comme les deux autres ; la curie fut chargée de nommer les magistrats municipaux, sauf à tenir plus ou moins compte du vœu populaire. Cependant, à l'époque de la transformation du régime municipal en régime ecclésiastique, le pouvoir électoral ressuscita, et le peuple rouvrit

ses comices pour se donner des *defensores*. Les textes
que nous avons, soit au code, soit au Digeste ne font aucune mention des deux classes de citoyens. C'est qu'à l'é-
poque de Justinien, où ils furent révisés, il n'y avait plus
de prérogatives, il n'y avait plus que des charges, et, dès
lors, il n'était plus nécessaire d'établir de distinction.

Voyons cependant quels étaient ceux qui, à l'époque
où florissaient les municipes, avaient le *jus originis* et
ceux qui n'avaient que le *jus incolatus*.

Du *jus originis*. — *Municipem*, dit Ulpien, loi I pr.,
D. liv. L., t. I, *aut nativitas facit, aut munumissio, aut
adoptio*. Il y avait donc trois manières de devenir citoyen
d'une ville municipale : 1° la naissance ; 2° l'affranchisse-
ment ; 3° l'adoption. Dans d'autres textes, nous voyons
figurer à côté de ces trois modes l'*allectio*. Nous croyons
avec Savigny que c'était là un quatrième mode, une sorte
d'adoption dans laquelle l'adoptant était, non plus un
individu de la cité, mais la cité elle-même toute entière.
Pourquoi aurait-on refusé à une ville le droit de récom-
penser ainsi un étranger pour les services qu'il avait
rendus ? Est-ce que Rome elle-même ne s'arrogeait pas le
droit de recevoir qui bon lui semblait dans son sein ?
Pourquoi n'en aurait-il pas été de même des cités municipales ? Il est très probable que les municipes avaient
le droit d'adopter, comme les bourgeois du moyen âge
avaient le droit d'accorder la bourgeoisie, comme aujour-
d'hui nous pouvons accorder la grande naturalisation
aux étrangers.

Du *Jus incolatus*. — Pour avoir le *jus incolatus*, il
fallait fixer son domicile dans les murs ou sur le ter-

ritoire du municipe. Le domicile bien nettement établi, c'est le lieu où une personne a fixé sa résidence et le siége principal de ses affaires et de ses intérêts, le lieu qu'elle ne quitte point si rien ne l'appelle au dehors, d'où, quand elle est absente, on dit qu'elle voyage, et où, quand elle revient, on dit qu'elle est de retour.

En principe, le choix du domicile était libre ; pourtant il était imposé par la loi dans certaines circonstances : ainsi pour le sénateur, le soldat, la femme mariée. La question de savoir si une personne pouvait avoir deux domiciles, fut controversée. Labéon et quelques autres jurisconsultes pensaient que non ; mais Paul et Ulpien étaient d'un avis contraire. Ce dernier nous apprend même qu'on peut ne pas avoir de domicile, ce qui peut arriver : 1° lorsque pendant longtemps on consacre sa vie à des voyages ; 2° quand on a quitté son domicile pour en chercher un autre et qu'on ne s'est encore fixé nulle part.

Lorsqu'il y a difficulté sur le point de savoir où une personne est domiciliée, c'est le gouverneur de la province où se trouve la ville à laquelle cette personne refuse ses *munera*, qui est compétent pour connaître l'affaire. En résumé, on peut avoir le jus *incolatus* dans une ou plusieurs villes ou ne l'avoir dans aucune. On peut avoir le *jus originis* dans une ville, et le *jus incolatus* dans l'autre. Enfin, on peut avoir le *jus originis* dans plusieurs villes c'est à dire qu'on peut être citoyen d'une ou plusieurs villes à la fois.

De la curie.

Nous examinerons successivement : 1° ce qu'était la curie ; 2° quelles étaient ses attributions ; 3° comment elle se composait et se recrutait.

Le second pouvoir des municipes avait été, sous la République, la curie ; mais, par suite de l'effacement du peuple, elle devint le premier. Pour avoir une idée exacte de ce qu'elle était, il faut bien se garder de la comparer à nos conseils municipaux d'aujourd'hui. En effet, les membres de ceux-ci sont nommés par les électeurs pour un certain nombre d'années seulement, et aucune distinction de naissance, aucun chiffre de fortune ne sont exigés de ceux qui se présentent à l'élection. La curie, au contraire, formait un ordre représentant l'élément aristocratique des municipes ; pour y arriver, il fallait une certaine fortune ; mais une fois qu'on y était arrivé, on conservait ses fonctions pendant toute sa vie, et même il arriva un temps où le curiale transmit sa condition à sa postérité comme une noblesse héréditaire. La curie était au municipe ce que le Sénat était à la République ; c'était le conseil public établi dans chaque ville pour administrer sa fortune et veiller à ses intérêts. Dans certaines villes, on désignait sous le nom de *Sénat municipal* ce que, dans la plupart, on appelait simplement *curia* ou *ordo*, et les membres se nommaient *décurions* ou *curiales*.

2° *Attributions de la curie.* — La curie n'était autre chose qu'un Sénat local : elle devait suivre et elle suivit les destinées du Sénat romain. Pendant la République, celui-ci avait un rôle prépondérant, bien que limité par la toute-puissance populaire. Sous l'Empire, ses attributions semblèrent s'élargir au détriment du peuple, qui ne fut pas consulté ; mais c'était un moyen pour les empereurs de dissimuler leurs empiétements, et bientôt il n'eut plus d'autre mission que celle d'enregistrer toutes leurs volontés. Ces différentes transformations se réfléchirent dans la constitution municipale, et tous les pouvoirs vinrent, en quelque sorte, se réfugier dans la curie, pour passer définitivement au gouverneur de province.

D'abord, en ce qui concerne le pouvoir législatif, nous avons vu qu'à Rome, sous la République, le peuple l'exerçait dans ses comices, et que ce qui était voté prenait le nom de *loi*. Quand le peuple n'eut plus de comices, le pouvoir législatif passa au Sénat, et les décisions de ce grand corps prirent le nom de sénatus-consultes. Enfin, quand le peuple et le Sénat abdiquèrent, on donna aux résolutions des empereurs le nom de *constitutions impériales*. Dans les municipes, les choses se passèrent d'une façon identique. Après l'effacement du peuple, les gouverneurs des provinces attirèrent insensiblement à eux la décision de la plupart des affaires locales.

En ce qui concerne le pouvoir électoral, le peuple l'avait possédé, à Rome, dans toute sa plénitude. Sous les empereurs, il passa nominalement au Sénat : quand il s'agissait de nommer un magistrat, l'empereur, au lieu de le nommer lui-même, présentait son candidat au Sénat, qui ne faisait jamais d'opposition ; mais les formes étaient sauvées, puisqu'il y avait un semblant d'élection. De même dans les municipes, où le gouverneur de la province finit, mais plus tard, et avec plus de réserves, par présenter à la curie les candidats qu'elle devait élire.

En résumé, la curie, avec son pouvoir de décision, était appelée à délibérer sur les affaires locales, et à rendre, à ce sujet, des décrets qui ne devaient pas être *ambitiosa*, excéder sa compétence ou le bon plaisir de l'autorité, sous peine d'être cassés par le gouverneur de la province. Avec son pouvoir électoral, elle nommait les magistrats de l'ordre judiciaire et administratif.

3° *Composition et recrutement de la curie.* — Pour comprendre la composition de la curie, il faut encore se reporter au Sénat romain. Celui-ci fut composé à l'origine de 300 membres qui représentaient les trente tribus. Quand il se fit des vides dans son sein, les censeurs furent chargés de les combler. Cette énorme puissance conférée aux censeurs, de nommer les membres du Sénat, souleva de très vives réclamations, et à partir de la loi Ogunia, ils furent forcés de choisir parmi les magistrats sortis de fonctions. Comme à cette époque le peuple élisait les magistrats, on peut dire avec Cicéron qu'il nommait également les membres du Sénat par une espèce de ricochet. Plus tard, les empereurs s'attribuèrent un pouvoir censorial illimité et se fabriquèrent un Sénat à leur convenance. Il y avait deux classes de sénateurs : 1° les sénateurs proprement dits ; 2° ceux *quibus in senatu sententiam dicere licet.* Ces derniers, qui avaient voix délibérative, sans posséder le rang de sénateurs, étaient les magistrats en exercice et même ceux sortis de fonctions.

Si, du Sénat romain nous revenons à la curie, nous

trouvons aussi à l'origine de chaque municipe une assemblée composée d'un certain nombre de membres. Comment se comblaient les vides qui se produisaient? Nous
n'avons aucun texte précis sur la question ; il est même
probable que les lois locales offraient d'assez grandes
diversités dans les détails ; mais il résulte des lettres de
Pline le Jeune que les magistrats suprêmes *(censores
quinquennales)* étaient chargés d'inscrire sur l'*ordo* les
noms des sénateurs municipaux. Plus tard, ce système
changea. Sous les Antonins, Paul dit positivement dans
la loi 7, p. 2, D. L. I, titre 2, que les magistrats se
recrutaient parmi les décurions et non les décurions parmi
les magistrats. Il fallait donc, du temps de Paul, entrer
dans la curie, pour devenir ensuite magistrat. La curie
fut alors, selon l'expression de M. de Valroger « la pépinière des magistratures, tandis qu'autrefois les magistratures avaient été la pépinière de la curie », et il
est probable que celle-ci eut alors à se compléter elle-
même par son propre choix.

Ce premier changement, ajoute M. de Valroger, fraya
la voie à un second plus grave encore... Supposez
que le curiale à remplacer ait laissé un fils qui possède
les qualités requises ; ce fils est un candidat naturel ;
son titre est d'autant plus facilement accueilli, que ceux
qui le choisissent préparent ainsi un précédent qui pourra
être utile à leurs propres enfants. Après ce premier
pas, on en fit un autre : le décurion ne se contenta
bientôt plus de cette perspective ; il désire assurer à son
fils, de son vivant même, l'entrée de la curie. On alla
jusqu'à ne pas attendre que le fils eût l'âge voulu ; des

enfants recevaient le titre de curiale pour en remplir plus
tard les fonctions. Ainsi se constitua peu à peu par l'usage
le principe que nous voyons en vigueur dans la seconde
période de l'Empire, sans qu'aucune loi l'ait introduit. Le
fils du curiale est alors curiale lui-même par droit de naissance ou plutôt par une fatalité de sa naissance ; ce principe pesa sur les familles curiales comme une servitude
détestée. Voilà ce que les curiales n'avaient pas pu pré-
voir en cédant à la propension qu'ont les membres d'un
corps d'inféoder dans leurs familles les avantages de leur
position.

Il faut donc remarquer trois phases quant au mode de
nomination des curiales ; d'abord les censeurs sont chargés de combler les vides, en choisissant parmi les magistrats sortis de fonctions ; puis la curie se recrute elle-
même ; enfin la charge de décurion devient héréditaire.

Cette charge écrasante, qui fit du décurionat une véritable servitude, était celle de percevoir les impôts payés
par le municipe ; *exactio fit exactoris periculo ;* lorsque
la levée de l'impôt devint de plus en plus impossible au
milieu de la misère croissante, leur responsabilité les
accabla. Il y eut une telle solidarité entre les curiales,
qu'il fallait qu'une constitution décidât que les nouveaux
membres ne seraient pas tenus de ce qui était dû avant
leur entrée à la curie. De là aussi de nombreuses mesures
tendant à s'assurer qu'ils ne s'échapperont pas de leur
état. Ils ne peuvent vendre leurs biens sans la permission
du gouverneur de la province, ni s'éloigner sans permission préalable, même pour un voyage de courte durée ;
on leur défend le service militaire ; l'entrée dans les

ordres sacerdotaux leur est interdite s'ils ne font, au préalable, abandon de leurs biens à la ville ; s'il n'ont pas d'enfants, ils ne peuvent léguer que le quart de leurs biens, les trois autres quarts vont à la curie. Les plus hautes dignités ou les condamnations les plus infamantes sont devenus les seuls moyens de se soustraire à ce fléau. Ils sont *subjecti curiæ*, comme le colon est soumis à la glèbe ; ils doivent y consacrer tout leur temps, sans pouvoir gérer les affaires d'autrui, ni affermer les *prædia publica et vestig alia.*

Par compensation, ils jouissent de quelques privilèges ; ils acquèrent la noblesse ; sont exempts de la torture et de certains supplices vulgaires ; échappent aux emplois subalternes et aux contributions extraordinaires ; ils héritent de ceux de leurs collègues qui meurent sans enfants et intestats ; enfin, après avoir rempli toutes les charges municipales, ils passent dans la classe des honorés, *honorati,* et peuvent être élevés au titre de comte. Ainsi la curie, où c'était autrefois honneur d'être admis, et dont les avantages faisaient une chose très recherchée, n'est plus à la fin qu'un des rouages les plus puissants du système fiscal.

Les différents membres de la curie n'y siégeaient pas confusément. La loi 2, *de albo scribendo,* nous indique de quelle façon était dressé l'album. Les premiers inscrits étaient les décurions revêtus par l'empereur de dignités spéciales ; puis venaient ceux qui avaient rempli des magistratures municipales, mais de telle manière que celui-là fût le premier qui avait exercé la fonction la plus distinguée. Enfin, en dernier lieu, on devait inscrire ceux

qui n'avaient pas encore rempli d'*honores*, suivant l'ordre
de leur entrée au Sénat; cependant on devait faire en sorte
que celui-là fût le premier qui avait obtenu le plus de
suffrages.

L'album de la cité de Canusium, qui date de l'année
223 de l'ère chrétienne, confirme et explique ces règles.
Voici comment sont classés ses 146 sénateurs.

  30 *Patroni (clarissimi viri)*, sénateurs romains.

   2 *Patroni (equites romani)*.

   7 *Quinquennalicii.*

   4 *Allecti inter quinquennales.*

  22 *Duumviralicii.*

  19 *Edilicii.*

   9 *Quæstorii.*

  21 *Pedani.*

  32 *Prætextati.*

Ainsi, d'abord les *patroni*, étrangers à la curie, qui
n'étaient là que par une espèce d'honorariat; ensuite
venaient ceux qui avaient rempli des fonctions municipales, *quinquennales, duumviri, œdiles, quæstores;* enfin
ceux qui n'avaient exercé aucune fonction, les *pedani* et les
prætextati. Les *pedani* étaient probablement les décurions
qui n'avaient été élevés encore à aucune dignité et se
rendaient à pied au Sénat, tandis que les autres jouissaient du droit honorifique de venir sur un char dans
lequel était placé un siége, appelé siége curule. Quant
aux *prætextati*, M. de Savigny ne voit pas de différence
entre eux et les *pedani.* Niebuhr croit qu'on désignait
ainsi les fils de décurions qui n'avaient pas encore atteint
l'âge légal pour siéger et voter dans la curie,

Les dix premiers membres de la curie ainsi composée prenaient le nom de *décemprimi*, et formaient une décurie à part. On peut supposer qu'ils étaient chargés d'expédier les affaires urgentes ou moins importantes. Les autres étaient réservées à la décision de la curie tout entière. Cela ne veut pas dire cependant, que, pour délibérer sur ces affaires réservées, il fallait que tous les membres fussent présents ; les deux tiers des membres inscrits suffisaient pour former l'assemblée régulièrement constituée. Les votes se donnaient dans l'ordre déterminé par l'*album* et la décision prise se rédigeait dans la forme des sénatus-consultes. Cette assemblée était vraisemblablement présidée par celui qui était inscrit le premier sur l'album et qui portait le nom de *primus curiæ* ou *patronus civitatis*.

Quel était le sort des décisions prises par la curie ? Il est probable que, dans les premiers temps, à l'époque ou les municipes étaient complètement libres, les décisions de la curie étaient souveraines, sauf l'appel au peuple; mais bientôt les gouverneurs de province prirent un droit de surveillance sur toute l'administration municipale, et il arriva un temps où ils s'arrogèrent le droit de réformer sans scrupule et par simple caprice les résolutions qui leur déplaisaient. Souvent même, ils en référèrent à l'empereur pour des affaires d'une minime importance. Ainsi s'établit et s'étendit cette centralisation excessive, qui, plus tard, fut la ruine des libertés municipales.

3° Magistratures municipales.

La délibération appartenait à la curie des municipes, l'action aux magistrats qu'elle nommait. Le pouvoir exécutif municipal comprenait deux classes différentes de fonctionnaires : 1° ceux qui étaient investis des fonctions conférant les *honores ;* 2° ceux qui, n'ayant pas les *honores*, exerçaient certains emplois publics, *munera.* Ces derniers ne recevaient aucun salaire et n'obtenaient ni titre, ni dignité ; les *munera* étaient établis le plus souvent par les villes pour suppléer à l'insuffisance de leur patrimoine, en rejetant une partie des charges et obligations sur les habitants. Administrer les revenus de la cité, être préposé à l'entretien des acqueducs, des bâtiments civils, à la garde des archives, aller en députation près du prince, faire la recette des impôts, conduire les convois des différentes espèces de tributs dans les magasins publics, telles étaient les principales de ces charges. Ces sortes de fonctions n'étaient pas, à proprement parler, des magistratures, et quand on parle des magistrats on n'entend généralement que ceux qui étaient investis des *honores.*

Ces dernies étaient : 1° les *quinquennales* ; 2° les *duumviri* ; 3° les *ædiles* ; 4° les *quæstores.* Il va de soi que ces quatre magistratures n'avaient pas des titulaires dans tous les municipes, car elles n'étaient, à elles quatre, qu'un démembrement d'une seule et même magistrature. De même qu'aujourd'hui, les maires, dans les communes de peu d'importance sont chargés de la voirie et de la police, sans avoir pour les aider des fonctionnaires *ad hoc*, comme un second adjoint ou un commissaire de police, de même autrefois les *duumvirs* dans les moindres munici- pes, concentraient dans leurs mains toutes les magistra- tures.

1° *Les quinquennales.* — M. de Savigny soutient dans son *Histoire du droit romain au moyen âge*, que le *quin- quennalis* municipal correspond au censeur romain, et et qu'il n'est pas du tout le même que le *duumvir* de l'année lustrale. Nous admettons le première idée, mais avec Zumpt et M. de Valroger, nous repoussons la seconde. D'après ces auteurs le *quinquennalis* n'était pas un magistrat distinct du *duumvir*; et cette dernière fonc- tion était simplement doublée tous les cinq ans, comme cela résulte formellement de la table d'Héraclée. Quant à l'argument que tire Savigny de la priorité du *quinquen- nalis* sur le *duumvir* dans *l'album* de la cité de Canusium, on peut en conclure que le seul avantage du premier était d'avoir exercé ses fonctions pendant l'année lustrale, et il était naturel qu'à raison de cela il eût le privilége de passer avant les simples *duumviri*.

2° *Duumviri.* — Ils étaient ainsi nommés parce qu'ils étaient le plus souvent, au nombre de deux ; c'était l'i- mage du consulat romain avant la préture ; leurs fonctions étaient administratives et judiciaires.

Comme administrateurs, ils présidaient les assemblées du peuple et du Sénat municipal, avaient la direction de toutes les affaires qui n'étaient pas attribuées à des ma- gistrats spéciaux, et mettaient à exécution les délibéra- tions prises par la curie ou par le peuple.

On ne sait pas au juste quels étaient leurs pouvoirs judiciaires ; il paraît cependant qu'ils devaient avoir le droit d'organiser une instance, de délivrer certains interdits, d'infliger des amendes, le tout en première instance et sauf appel devant le gouverneur de la provence ou ses lieutenants. M. Giraud démontre, à propos du chapitre **22** de la Table de Salpensa, que la *tutoris datio* leur a été accordée, et comment s'est établi ce principe. Suivant lui, les magistrats municipaux ont dû être nécessairement les agents intermédiaires entre ceux qui étaient chargés de faire la *tutoris datio* et les présidents ; ils durent être l'organe de l'information puis de l'exécution du décret. On se passa ensuite de cet expédient, et le président, qui ne pouvait pas déléguer son pouvoir, enjoignit aux magistrats municipaux de donner directement des tuteurs.

3° *Ediles.* — Les édiles avaient dans les municipes les mêmes attributions qu'à Rome ; ainsi ils avaient la surintendance de tous les édifices publics ou communaux, et veillaient à leur construction et à leur entretien. Tout ce qui concernait la salubrité de la ville, comme la distribution des eaux, le pavage des rues, les alignements, rentrait dans leurs attributions. Ils avaient encore la police des marchés, des bains, des tavernes, des lieux de plaisir, avec le droit de prononcer de petites condamnations. Dans les villes de peu d'importance, il n'y avait pas d'édiles, et les *duumviri*, qui exerçaient alors leurs fonctions, prenaient le nom de *quatuorviri* ou *duumviri adilitiæ potestatis.*

4° *Questeurs.* — Les questeurs étaient des magistrats

chargés du maniement des deniers du municipe et rem-
plissaient les fonctions de receveurs et de payeurs. Ils
tenaient registre de toutes les rentrées et de toutes les
dépenses, et poursuivaient tous les débiteurs de la ville.
Mais ils ne pouvaient disposer d'aucune partie des fonds
mis à leur disposition, sans l'autorisation de la curie.
Les tables de Malaga et de Salpensa les placent à côté des
édiles; par conséquent les textes du Digeste qui ne leur
accordent qu'un simple *munus*, ne sont applicables qu'à
l'époque de la décadence municipale.

SECTION III.

DU PATRIMOINE DES CITÉS.

————

Une personne civile est un être fictif qui est capable, comme une personne naturelle, d'avoir des droits et des obligations. Il n'appartient pas à toute société de former une personne morale ; avant tout, il faut l'autorisation du gouvernement, qui proclame sa capacité juridique. Les cités, quoique fondées depuis longtemps, avaient besoin qu'une loi leur permît d'être *universitates legitimæ*, sinon elles ne formaient qu'une agrégation de citoyens et de maisons, mais non pas un corps de cité. Ainsi Tite-Live nous apprend qu'après la guerre punique, Capoue était bien peuplée comme une ville, mais qu'elle ne formait pas une cité, en ce sens qu'elle n'avait aucune capacité.

Toutefois, ce n'était pas là l'état général, et en conservant ses libertés locales, une ville continuait à être une personne morale et à avoir un patrimoine entièrement distinct de celui de l'État et des particuliers.

Origines, sources et composition des biens communaux.

Trois choses, dit Roth, sont nécessaires pour qu'une cité soit bien administrée : la première que les villes aient un certain patrimoine ; la deuxième que ce patrimoine

soit sacré et ne soit pas diminué par le dol des administrateurs ; la troisième qu'il soit permis aux municipes
d'imposer des charges.

Droit de propriété des municipes. Le domaine se
divise en domaine public et en domaine privé ; certains biens sont dits *in usu publico,* leur destination
est telle que personne n'en est propriétaire, mais tout le
monde peut s'en servir ; citons, à titre d'exemple, les
choses sacrées, les établissements publics, les aqueducs...
Ces choses ne sont pas susceptibles d'appropriation
privée et demeurent imprescriptibles. D'autre part, il y
avait une autre catégorie de biens, comprenant les choses
qui font partie du domaine privé de la cité, et qui
lui appartiennent au même titre qu'à un particulier.
C'est ainsi que les villes avaient des maisons qu'elles pouvaient louer, des terres labourables ou en friche. Parmi
ces biens, il faut distinguer ceux que nous appelons
aujourd'hui biens communaux. Scævola nous apprend
que beaucoup de municipes possédaient des terres ou des
bois, avec le *jus compascendi* pour les habitants.

Les cités acquéraient la propriété par tous les modes
de droit civil, sauf la *cessio in jure ;* elles avaient des
esclaves, et tout ce que ceux-ci acquéraient était pour
elles. Tous les biens de la commune lui appartiennent
à elle-même, et les citoyens n'ont pas sur eux une co-propriété indivise ; c'est ainsi que les créances municipales
ne sont pas divisibles entre tous les citoyens du municipe,
de même que les dettes ne peuvent être poursuivies sur
chacun d'eux, loi 8, p. 1 D., livre 8, titre iv. Si un
procès criminel est intenté contre un habitant du municipe,

l'esclave de ce municipe peut être mis à la torture, tant
en faveur de l'accusé que contre lui, *quia non sit civium
servus sed republicæ*, il en eût été différemment, d'après
les principes du droit pénal, si cet habitant eût été propriétaire de cet esclave, même pour partie indivise ; *communis servus, in caput alterius ex dominis torqueri non
potest*. Sentences de Paul, livre 5, titre 16, p. 6.

Les *opera publica* faisaient partie de la propriété des
cités, et c'était au *curator operum* de faire construire et
réparer tout ce qui était nécessaire, en demandant toutefois l'autorisation du président de la province pour com-
mencer de nouveaux ouvrages, et en ayant soin de ne rien
entreprendre avant que ceux déjà en construction ne fussent
achevés. La ville ne traitait pas directement avec les entre-
preneurs; elle le faisait par l'intermédiaire du *curator
operum* qui était responsable vis-à-vis d'elle. Les travaux
des cités, murailles, ponts, aqueducs, constituaient une
grande dépense pour les cités qui y consacraient le tiers
de leurs revenus.

Possession. — Les villes pouvaient-elles avoir la possession ? On entend par là le fait d'une personne qui se com-
porte à l'égard de la chose possédée comme un propriétaire. Pour acquérir la possession, il faut avoir : 1° le
corpus et l'*animus possidendi*, c'est-à-dire la possession
physique ou du moins la disposition de la chose ; 2° l'intention d'en être propriétaire; or, les villes étant des êtres de
raison, ne pouvaient avoir la volonté d'acquérir ; mais plus
tard, nous voyons les principes se modifier et on finit
par admettre que les villes pouvaient acquérir la possession, non-seulement par elles-mêmes, mais encore par

leurs esclaves et par leurs représentants; *sed hoc jure utimur*, nous dit Ulpien, *ut et possidere et usucapere municipes possint ; idque eis et per servum, et per liberam personam adquiratur.* M. de Savigny assure, au contraire, que non-seulement les municipes mais toutes les personnes morales ont eu de tout temps le droit d'acquérir par la possession. Les villes, dit-il, ont toujours eu des esclaves, or elles ne pouvaient devenir propriétaires d'un esclave que par la possession; donc, elles ont eu de tout temps la possession. La seconde prémisse est inexacte, car les villes avaient aussi le legs *per vindicationem*, pour acquérir les esclaves; ainsi notre doctrine reste intacte.

Servitudes. — La cité qui était capable de propriété l'était également de ses démembrements, et pouvait avoir des servitudes, soit personnelles, soit prédiales. Ces dernières se divisaient en servitudes urbaines et en servitudes rustiques; la cité pouvait acquérir celles-ci, soit *mortis causa*, par le legs *per vindicationem*, soit *inter vivos* par mancipation, quand elle avait un esclave. Au contraire, elle ne pouvait acquérir les servitudes urbaines *inter vivos* que par un seul mode, l'adjudication du juge dans l'action en partage; mais elle ne pouvait y arriver, ni par la mancipation, puisqu'elles étaient *res nec mancipi*, ni par *l'in jure cessio*, qui est un *actus legitimus* et qui, par conséquent, n'admet pas la représentation « *in summa sciendum est, iis qui in potestate, nihil in jure cedi posse.* » Le droit prétorien admet l'acquisition des servitudes *quasi traditione, patientia*, et sans doute les cités ont profité de ce mode d'acquisition.

Servitudes personnelles. Usufruit. — Les cités acquéraient l'usufruit par le legs *per vindicationem* ou par l'*adjudicatio*. Les observations qu'on a faites à propos des servitudes urbaines sur la *mancipatio* ou *l'in jure cessio* s'appliquent ici. On avait douté, dit Gaïus, si on permettrait l'usufruit aux municipes, parce que l'état de ceux-ci étant de vivre toujours, la propriété devient par là même inutile ; mais on l'avait admis en fixant à cent ans la durée de l'usufruit « *quia is finis vitæ longævi hominis est.* »

Successions. — La personnalité juridique des villes étant l'œuvre de la loi, il appartenait à la loi de fixer limitativement leurs droits et leurs devoirs. Ne nous étonnons donc pas si le droit d'acquérir par succession ne leur fut accordé que très tard ; le législateur avait été frappé de cette considération, que la ville, être moral, étant pour ainsi dire immortelle, ne devait pas avoir le droit d'accaparer, aux dépens des particuliers, des biens qu'elle pourrait garder éternellement. L'être moral n'est pas comme le simple particulier ; il n'a pas à compter avec le temps ; ses biens ne sont pas divisés à chaque génération ; pour lui, il n'y a pas de générations, ou plutôt il les voit toutes passer, et lui seul reste debout.

Les successions sont ou testamentaire ou *ab intestat.*

1° *Succession ab intestat.* — Il semble bien que les villes ne devaient pas y avoir droit, puisqu'elles n'avaient pas de famille ; mais quand, plus tard, on leur eut accordé le droit d'affranchir leurs esclaves, il fallut comme conséquence, leur accorder également le droit de succéder à leurs affranchis morts sans testament. *Si municipes*, dit Ulpien, *servum manumiserint, admittentur ad*

*legitimam hereditatem in bonis liberti vel libertæ intes-
tatorum.*

2° *Succession testamentaire.* — Les jurisconsultes romains regardaient les cités comme incapables d'être instituées héritières, et lorsque le roi Attalus eut institué
héritier le peuple romain, ce fut une grave affaire que
l'acceptation de cette succession. « *Nec municipes, nec
municipia,* dit Ulpien, *heredes institui possunt, quoniam
incertum corpus est, et neque cernere universi, neque pro
herede gerere possunt, ut heredes fiant.* » On a souvent expli-
qué ce texte, en ce sens que la ville étant une personne incertaine, ne peut pas être instituée, et que tous les citoyens,
universi, ne peuvent pas faire l'adition, puisqu'ils ne re-
présentent pas la cité. Mais ce n'est pas là ce qu'on veut
dire ; pour les jurisconsultes, la personne incertaine est
celle que le testateur ne pouvait pas désigner individuellement, et dont la désignation pouvait s'appliquer à tel ou
tel, suivant les circonstances, comme par exemple la première personne qui viendrait à ses funérailles. La ville,
au contraire, a une existence à l'abri de tout changement
fortuit, et quand on dit que tous les citoyens ne peuvent
pas venir faire les actes d'héritier, cela n'est pas plus vrai,
car on comprend que dans une ville de peu d'étendue on
puisse faire *adire* tous les citoyens. Ulpien a voulu dire
que l'adition ne pouvant être faite que par l'institué lui-
même, on n'admettait pas de représentant, et la ville
n'ayant qu'une existence fictive, ne pouvait ni vouloir, ni
agir elle-même. Quoi qu'il en soit, Trajan, par le S. C.
Apronien, permit aux cités de pouvoir être instituées par
leurs affranchis, et par une constitution de l'empereur

Léon, rendue en l'an 469, il leur fut accordé de recevoir toute succession testamentaire. Quant à la *bonorum possessio*, hérédité du droit prétorien, il est probable qu'elle suivit les mêmes phases que la succession testamentaire.

Hérédité fidéicommissaire et legs. — Tant que les villes n'eurent pas le droit d'acquérir par succession testamentaire elles n'eurent pas non plus le droit d'acquérir par legs ; mais du jour ou le sénatus-consulte Apronien leur permit d'arriver à l'hérédité fidéicommissaire, il devenait naturel de leur permettre également de recevoir des legs. C'est ce que fit Nerva, et Ulpien le constate dans ses *(Regulæ titre* 24, *par* 28) : « *Civitatibus omnibus quæ sub imperio populi romani sunt legari potest : idque a divo Nerva introductum postea a senatu auctore Adriano diligentius constitutum est.* » Tandis qu'Ulpien ne distingue pas entre les quatre espèces de legs, Pline, qui vivait après Nerva, écrit : *Nec præcipere posse constat rempublicam.* Il y a là une contradiction : M. de Savigny pense que Pline parle du legs *per præceptionem ;* pour avoir en effet cette espèce de legs, dit-il, il fallait nécessairement être héritier ; or les villes ne reçurent le droit d'être instituées héritières que sous Léon ; il s'ensuit donc, que jusqu'à lui, tout legs fait à leur profit était nul. Les villes qui recevaient des legs avaient les avantages des particuliers, mais comme les particuliers, elles étaient soumises aux restrictions de la loi, et aussi elles subissaient les règles de la quarte Falcidie.

Octrois. — Une autre source des richesses municipales fut le produit des octrois et des halles et marchés. Jules César, au rapport de Suétone, est le premier qui ait

frappé d'un droit d'importation les produits étrangers.
Plus tard, les empereurs étendirent singulièrement cet
impôt, et le même Suétone nous dit, dans sa vie de Cali-
cula, que ce prince, non content d'imposer les objets de
consommation, alla jusqu'à spéculer sur la prostitution.
En effet, une loi parut, et chaque femme qui se livrait pour
de l'argent dut verser au fisc *quantum uno concubitu
mereret.* Cet impôt était très productif, mais comme il était
avant tout une taxe municipale, il excita souvent les con-
voitises des empereurs. Ainsi Tibère enleva aux Gaules
et à l'Espagne cette source de richesses, ainsi que leurs
droits sur leur mines. (Loi 10 D., liv. XXXIX t. 4).

Pour établir le droit des octrois, il fallait que la curie
délibérât, et que sa délibération fût approuvée par un
rescrit de l'empereur. Dans le principe, ils n'étaient
pas établis *in perpetuum ;* si le besoin extraordinaire qui
avait donné lieu à leur naissance venait à cesser, ils devaient être supprimés ; mais une constitution d'Arcadius
et d'Honorius vint en consacrer la perpétuité.

Obligations des cités.

Les villes pouvaient être obligées *contractu ;* car leurs
esclaves ou leurs représentants contractent pour elles,
mais elles ne sont tenues que si le contrat a tourné à leur
profit. *Civitas mutui datione obligari potest, si ad utili-
tatem ejus pecuniæ versæ sint ; alioquin, ipsi soli qui con-
traxerunt, non civitas, tenebuntur;* il était admis que celui qui représentait la ville pouvait hypothéquer ses biens
(loi 27 de Rebus Creditis).

Les municipes pouvaient aussi être tenus *quasi con-tractu* dans les actions *finium regundorum* et *familiæ erciscundæ*.

Pouvaient-ils l'être *delicto?* A première vue, l'obligation semble impossible, puisque l'être moral ne réunit pas les qualités nécessaires pour constituer un délit : la faculté de connaître et la liberté. Il se peut que tous ses membres aient concouru pour commettre un délit, mais la cité ne peut pas être accusée. On cite pourtant plusieurs textes qui semblaient édicter une responsabilité, entre autres un d'Ulpien, où il est dit : « *sive singularis persona, quæ metum intulit, vel populus, vel curia, vel collegium, vel corpus; huic edicto*, il s'agit de l'action *quod metus causa, locus erit.* » Mais, comme le remarque M. Ortolan, il n'est pas certain que ce texte s'applique à la responsabilité des cités ; si dans l'espèce l'action *quod metus causa* est donnée contre la cité, c'est qu'elle s'est enrichie par suite de la violence exercée par ses administrateurs ou ses habitants, et en cela elle subit le droit commun, qui veut que cette action soit donnée contre toute personne qui a profité de la violence, alors même que ce n'est pas elle qui en est l'auteur. Du reste, Ulpien dit formellement dans un autre endroit qu'on ne peut pas donner l'action *de dolo* contre les municipes, et une contradiction de sa part semble fort invraisemblable. Enfin Majorien défend expressément de poursuivre une cité à titre de peine. « *Nunquan curiæ a provinciarum rectoribus mulctentur, cum utique æquitas suadeat et regula juris antiqui.*

ADMINISTRATION DES BIENS DE LA CITÉ. — AGRI VECTIGALES.

EMPHYTÉOSE. — SUPERFICIE.

C'était le *curator reipublicæ* qui était chargé de veiller aux biens de la cité et de les affermer. Les adjudications devaient avoir lieu à la chaleur des enchères, et celui qui était adjudicataire devait donner caution. Quant à l'aliénation de leurs biens, les villes ne pouvaient l'accomplir qu'avec l'aide de certaines formalités. Dépositaires pour ainsi dire des biens des générations futures, elles ne devaient s'en dessaisir si un besoin pressant ne les contraignait, et c'était l'empereur lui-même qui statuait en dernier ressort.

En sortant de leurs fonctions, les magistrats devaient rendre compte de leur gestion dans les trente jours qui suivaient, et les comptes demeuraient attaquables pendant dix ans au moins. D'ailleurs, des précautions sévères étaient prises contre eux de leur vivant même ; ainsi, lorsque deux personnes sont chargées d'une même affaire, chacune est tenue *in solidum* envers le mandant ; de même pour les magistrats municipaux ; citons encore les *nominatores,* qui répondaient du magistrat qu'ils avaient présenté, le père qui répondait de son fils. D'une manière générale, les magistrats qui étaient nommés devaient tous présenter des fidéjusseurs qui promettaient *rem publicam,* ou *pecuniam publicam salvam fore.*

Les terres qui appartenaient aux municipes se divisaient en *agri vectigales* et en *agri non vectigales.* Ces dernières comprenaient celles qui se louaient par des

baux ordinaires ; c'étaient probablement les mieux cultivées et les plus productives. Les *agri vectigales* comprenaient au contraire celles qui étaient concédées à bail
perpétuel *in perpetuum*, moyennant un canon annuel
(vectigal), et tant que ce canon était payé, les villes baille-
resses ne pouvaient rien retirer aux preneurs, ni à
leurs successeurs. « Ces assignations, dit M. Troplong,
étaient un moyen d'arracher à leur abandon les *latifundia*
qui accablaient de leur poids stérile les villes comme les
riches habitants. Des familles pauvres étaient appelées à
participer aux avantages de la possession du sol. Elles
apportaient leur industrie ; elles élevaient des habitations,
elles opéraient des défrichements. Nous voyons apparaî-
tre ici le but spécifique de l'emphytéose, qui, comme l'indique son nom grec, consiste à planter, à améliorer les
terres incultes. »

On sait, en effet, que l'impôt avait fini par prendre
des proportions inouïes, et l'on vit les populations abandonner de toutes parts leurs terres, préférant n'avoir
rien du tout plutôt qu'une propriété qui était pour elles
la cause de toutes sortes de vexations. Les grands domaines s'accroissaient de plus en plus, et la petite propriété,
l'alleu de l'époque, disparaissait ; St-Jérôme nous raconte
que la ville de Nicopolis, fondée par Auguste, appartenait
à une dame romaine, nommée Paula. « On fut obligé
d'exempter de tribut 300,000 acres de terres incultes et
désertes... Enfin, pour juger de la grandeur du mal, il
suffit de lire les constitutions des empereurs sur les biens
abandonnés. La terre ne trouvait plus de maîtres. Tandis
que Rome affichait les derniers restes d'un luxe insolent,

tandis qu'on voyait dans ses murs des citoyens qui possédaient à eux seuls des villes entières, les provinces péris-
saient dans le marasme, et les campagnes se couvraient
de jachères par l'extinction progressive et incurable des
classes agricoles. »

La convention vectigalienne était en usage non-seulement pour les terres non cultivées, mais même pour les
maisons appartenant aux villes. Et sous la dénomination
de maisons, il faut comprendre les bâtiments d'exploitation situés à la campagne, ainsi que toutes sortes de
constructions placées même dans l'intérieur des villes. (Loi
15, § 26, liv. XXXII, titre 2 de *damno infecto*). Mais il
ne faut pas confondre les *ædes vectigales* avec les constructions faites par un *superficiarius*. Ce dernier est celui
qui a bâti sur le terrain d'autrui, à la còndition qu'il
serait propriétaire de la chose construite, sans pour cela
avoir la propriété de l'emplacement. Ainsi : 1° le *superficiarius* a un droit simplement sur la superficie, le pre-
neur de l'*ager vectigalis* a, au contraire, un droit sur le
fonds lui-même ; 2° si l'édifice est détruit, le droit de
superficie s'éteint ; l'emphytéose continue au contraire
sur l'emplacement.

EXERCICE DES ACTIONS MUNICIPALES.

La cité, personne morale, capable comme un particulier
d'acquérir des droits réels et personnels, devait avoir aussi
les moyens d'assurer la conservation de ces droits ; elle
pouvait donc intenter des actions ou défendre à celles
intentées contre elle. Mais elle ne pouvait y figurer elle-

même, et devait y être représentée. Les actions étaient donc exercées par un *actor* ou *syndicus*, représentant nommé par la curie, ou par les *duumvirs* quand la curie les en avait chargés. A l'origine, un mandataire spécial était élu pour chaque affaire : la curie ne pouvait même pas nommer un représentant, *quia non possit videri de ea re, quæ adhuc in controversia non sit, decreto datam persecutionem.* Loi 6, p. 1. *Digeste iisdem loc...* Mais dès le temps de Paul, on abandonne les errements du vieux droit formulaire, et l'on peut nommer un *syndic* chargé de tous les procès de la ville. Lorsqu'il représentait la cité demanderesse, il n'était pas, en général, tenu de donner la *cautio de rato*, et il en était autrement quand la ville se défendait ; il fallait alors fournir la *cautio judicatum salvi.* Cette différence vient de ce qu'on admit toujours plus difficilement la représentation complète du *dominus litis* pour la défense que pour la demande.

La cité, comme le mineur, condamnée sans avoir été défendue, n'était pas déchue de son droit. L'action *judicati* se donnait pour ou contre la cité ; si cependant l'*actor* avait été constitué *procurator in rem suam*, l'action était donnée directement contre lui.

Si la cité engagée dans un procès est condamnée, le jugement lui sera opposable, et elle sera soumise à toutes les voies d'exécution ordinaires. Si elle fait défaut, ses créanciers, par un premier décret du proconsul, sont envoyés en possession ; si elle persiste, un second décret autorise la mise en vente. En cas d'insuffisance des meubles et des immeubles, les créanciers se feront céder les créances municipales au moyen d'une procuration *in rem suam.* La cité, elle aussi, a contre ses débiteurs les voies d'exécution du droit commun ; elle peut prendre hypothèque sur leurs biens, mais son rang est soumis à la règle, *potior tempore, potior jure*, car elle n'a pas été admise aux priviléges du fisc.

SECTION IV.

COUP D'ŒIL D'ENSEMBLE SUR L'IMPOT ROMAIN. (1).

Dans le cours de ce travail nous avons dit, à plusieurs reprises, qu'une des causes de la décadence de l'empire romain, le mal qui dominait tout le reste était la difficulté de l'impôt. Il paraît donc nécessaire d'ajouter à la constitution des cités quelques notes sur les impôts principaux, et après avoir étudié les *munera* qui concernaient l'intérêt des villes, d'étudier les *munera* existant dans l'intérêt général de l'empire. Celui-ci avait d'immenses besoins : il fallait nourrir le peuple de Rome, alimenter l'immense palais des Césars, fournir aux largesses envers les soldats, payer les grands travaux, les fêtes... Au dire de Suétone, déjà sous Vespasien, il fallait quarante millions de sesterces pour que la République pût subsister, et les besoins ne firent qu'augmenter ; à partir de Domicien, il fallut encore payer des tributs aux Barbares. Sous la République, les impôts étaient indéterminés ; chaque année, le Sénat imposait des taxes aux provinces, mais il n'y avait aucune règle fixe. Sous l'empire, on peut recon-

(1) Voir Dureau de la Malle, de Parieu, et Serrigny sur l'*Economie politique chez les Romains.*

naître trois espèces d'impôts : 1° l'impôt direct. Il est probable que les Romains le trouvèrent établi dans les pays conquis, et qu'ils en profitèrent ; mais il dut présenter, au commencement, une grande variété ; des provinces fournissaient les unes du blé, d'autres des bestiaux, eu égard à la production ; toutefois, il y avait en outre à payer partout une somme en or ou en argent. Avec le temps, la taxe directe prit plus d'uniformité et on trouve deux éléments : la taxe foncière et la taxe personnelle.

La base de l'impôt foncier était le cadastre, qui avait été ordonné par Auguste et qui devait être refait tous les dix ans ; c'était d'après ce cadastre qu'un édit de l'empereur déterminait ce que chaque fonds devait payer. Ulpien (loi 4, Digeste de Censibus) nous a laissé des notions précises sur la manière dont on formait le cadastre. Il faut, dit-il, tenir un compte exact des biens fonds, désigner le nom de la propriété, le lieu, la quantité d'arpents, la nature du terrain, etc... Des officiers appelés *censitores* veillaient à la répartition des tributs et devaient écouter toutes les réclamations, par exemple, *si agri portio charmate perierit, debebit per censitorum relevari*. On divisait les propriétés en portion d'une valeur de 100 ou 1000 sous d'or, et chaque caput (c'est de là qu'est venu à cet impôt le nom de *capitatio terraneq*) devait payer ce qui était fixé par l'édit.

Souvent, dans la prévoyance que l'impôt ordinaire ne suffirait pas, on ajoutait un surcroît de contributions qu'on appelait *indictio*, et qu'on levait en vertu d'une ordonnance du préfet du Prétoire. Plus tard, ce nom d'*indictio* fut donné à l'ordonnance relative aux contribu-

tions ordinaires, et il ressort de la loi 12 au code livre
10, titre 16, que cet impôt paraît avoir pris au propriétaire entre le tiers et la moitié du produit net. Le contribuable était en outre exposé à des *superindictiones* ou
impôts extraordinaires qui devaient être payés aux mêmes
termes, c'est-à-dire trois fois par an. Jusqu'à l'an 362,
le droit de lever les *superindictiones* avait été abandonné
aux préfets ; les empereurs Gratien, Valentinien et
Théodose le réservèrent à l'empereur. La loi 7 de publ.
et vect. exige qu'en matière de redevances foncières on
recherche les biens, non les personnes.

La seconde branche de l'impôt direct était la taxe sur
les personnes ou *capitatio humana*. Elle n'atteignait pas
ceux qui payaient déjà une contribution foncière, mais
elle frappait indifféremment toutes les autres personnes ;
les maîtres payaient pour leurs esclaves. C'était une cote
fixe, mais elle n'était pas uniforme ; dans certains pays,
elle était plus forte que dans d'autres, quelquefois aussi
elle était moitié personnelle, moitié réelle et Ulpien nous
dit que, pour les Syriens, les femmes la payaient à partir
de douze ans, les hommes à partir de quatorze jusqu'à
soixante-cinq (loi 3 de Censibus). C'était l'impôt qui mar-
quait la sujétion : on l'appelait le tribut. Il produisait
des sommes énormes, et en effet, s'il faut en croire certains
auteurs, entre autres Sismondi, cet impôt aurait pu être
porté à 25 pièces d'or par tête. Ce chiffre paraît impro-
bable, car la pièce d'or valait presque 100 francs (99 fr.
85 c.) et la plupart n'auraient pas pu payer. Il est vrai que
quelquefois on imposait plusieurs cotes à un contribuable,
tandis qu'on réunissait, comme le dit la loi 10 code,

livre XI, titre 47, jusqu'à trois hommes et 4 femmes pour
la même. Il est vrai aussi que les empereurs furent souvent obligés de faire remise de l'impôt, et un entre
autres dut remettre à une province l'arriéré de 16 ans.

Dioclétien et après lui Constantin accordèrent aux
habitants des cités l'immunité de la *Capitatio.*

Impôts irréguliers. — Parmi ceux-ci on peut compter
ce qu'on appela d'abord des présents et qui devinrent
de véritables impôts, par exemple l'impôt de l'or coronaire. Sous la République, les villes avaient l'habitude
d'envoyer des couronnes aux vainqueurs; Aulu-Gelle
nous dit que dans l'origine elles étaient de laurier,
qu'ensuite on les fit d'or et qu'on en augmenta le nombre.
Les empereurs firent plus; au lieu de couronnes, ils
exigèrent des sommes d'or; de là le nom *d'aurum coro-
narium;* ils multiplièrent les prétextes de cet impôt, ainsi
que d'autres taxes semblables; on les appelait dons,
oblations; ils ressemblaient quelque peu à ce que notre
ancienne monarchie a connu sous le nom de don de joyeux
avènement.

L'or coronaire n'était dû que par les curiales.

Impôt indirect. — Les Romains ont connu cette sorte
d'impôt des douanes intérieures et extérieures; toutes
les provinces de l'Empire étaient, par rapport au commerce, pays étrangers. L'impôt était en général du qua-
rantième et frappait toutes les marchandises, le blé, l'or,
les esclaves, mais il était du huitième sur les objets de
luxe comme les ennuques. Nous ne trouvons pas de
système bien établi qui représente notre impôt sur les
droits de mutation; il y a cependant l'impôt du vingtième

sur les successions et sur les legs et donations par testament. Cet impôt, d'abord spécial à Rome, fut, après la
réforme de Caracalla, étendu à tout l'Empire. Les impôts
indirects étaient concédés à des fermiers qui avaient pour
le recouvrement une grande licence, et qui devinrent de
véritables inquisiteurs.

Enfin, il faut compter les nombreuses corvées qui
étaient imposées aux habitants des campagnes, soit pour
conduire et voiturer dans les magasins de l'Etat ce qui
devait être payé en nature, soit pour cultiver les domaines
du fisc, et ce n'était pas la taxe la moins lourde.

Les villes jouissant du *Jus Italicum* avaient-elles une
immunité complète ou partielle ? Le *Jus Italicum* avait deux
prérogatives qu'on ne peut mettre en doute, l'une concernant la propriété des terrains, l'autre l'immunité de
l'impôt. Les fonds jouissant du *Jus Italicum* étaient
susceptibles de propriété pleine et entière, et étaient
choses *mancipi*, tandis que les fonds provinciaux ne
pouvaient qu'être *in bonis;* cet état de choses disparut
sous Caracalla, qui fit cesser toutes ces distinctions.

Il ne faut pas croire que le droit Italique était l'exemption complète de toute taxe personnelle et foncière ; sans
doute, il emportait l'exemption des tributs et de la *Capitatio
terranea* qui avaient le caractère de sujétion, mais ainsi
que le démontrent les textes, les villes payaient *l'annone,*
c'est-à-dire une taxe consistant en vivres pour Rome et
pour les armées. L'Italie est même appelée quelque part
Italie annonaire, et c'est sans doute pour exempter
Constantinople même de cet impôt qu'on avait ajouté

que cette ville jouirait non-seulement du droit Italique, mais des prérogatives de l'ancienne Rome.

Il semble donc qu'il faut distinguer trois classes de contribuables :

1° Les Italiques, payant l'annone sans le tribut et la capitation ;

2° Les colonies qui n'avaient point été gratifiées d'une immunité spéciale, payant l'annone et le tribut sans capitation ;

3° Les habitants des provinces payant les trois sortes d'impôts.

DROIT HISTORIQUE

Nous diviserons cette partie de notre travail en trois sections :

1° Le régime municipal depuis l'invasion des Barbares jusqu'à l'émancipation des communes (du cinquième au onzième siècles);

2° Le mouvement communal du onzième au quatorzième siècles;

3° Les biens communaux depuis le quatorzième siècle jusqu'en 1789.

SECTION Ire.

LE RÉGIME MUNICIPAL DEPUIS L'INVASION DES BARBARES JUSQU'A L'ÉMANCIPATION DES COMMUNES. (DU CINQUIÈME AU ONZIÈME SIÈCLES).

———

Nous savons déjà qu'en Orient le décret de Léon le Philosophe abolit jusqu'aux formes du régime municipal. En Occident, on ne trouve aucun acte législatif semblable ; il est même digne de remarque qu'un des derniers représentants de l'empire Romain, en Gaule, l'empereur Majorien, chercha à restaurer les municipes et à étendre les libertés municipales. On le voit, dans une série de décrets, reconstituer la curie déserte, relever l'ancienne dignité de défenseur de la cité, et supprimer une partie des impôts qui pesaient sur les curiales. Toutes ces mesures étaient tardives ; quelques années plus tard, l'empire n'existait plus : les Wisigoths s'établissent en Espagne et dans le midi de la Gaule, les Hérules en Italie, les Burgondes sur les bords de la Saône et du Rhône, et enfin les Francks, après avoir vaincu, à Soissons, Syagrius, le dernier gouverneur de la Gaule, viennent à Paris jeter les fondements de la monarchie française.

Mais il ne faut pas croire que les Barbares, faisant irruption dans l'Empire, anéantirent toutes les institutions

locales qu'ils y rencontrèrent pour y substituer leurs
formes grossières d'administration. Il est plus facile de
vaincre un pays que de supprimer ses lois et ses habitudes ; d'ailleurs, l'influence de la civilisation est telle qu'elle
s'impose d'elle-même aux esprits les moins cultivés. On
avait vu autrefois la Grèce vaincue imposer ses lois, sa
littérature, ses arts à Rome victorieuse (1) ; ce que fit la
Grèce à Rome républicaine, la Gaule romaine le fit aux
Barbares six siècles plus tard ; la loi romaine passe le
plus souvent dans les codes barbares, sans aucune opposition, et même Théodoric, roi des Ostrogoths, sup-
prime tout ce qui pouvait distinguer le vainqueur du
vaincu.

Toutefois, après leur défaite, les Gallo-Romains se
trouvent obligés de partager leurs terres avec les envahis-
seurs. « On trouve, dit M. Guizot, dans l'histoire des
Bourguignons, des Visigoths, des Lombards, etc., la
trace positive de ce partage des terres allouées aux vainqueurs. Ces peuples, est-il dit, prirent les deux tiers des
terres, ce qui probablement ne veut pas dire les deux tiers
de toutes les terres du pays, mais les deux tiers des
propriétés territoriales dans chaque lieu où s'établit un
Barbare un peu considérable. Il est absurde de supposer

---

(1) Voir le livre de notre éminent professeur M. Gide, sur la
Condition de la femme dans le droit ancien et moderne, où
le caractère de la loi grecque, loi généreuse, élevée, idéaliste et pleine
d'équité, est admirablement mis en opposition avec la juridiction
sacerdotale du vieux droit quiritaire, ses lois immobilisées dans
d'inflexibles formules, dans des moules d'airain, et empreintes d'un
matérialisme brutal.

que les conquérants procédèrent à cet égard, dans leurs
relations avec les anciens habitants du pays, par une
sorte de loi agraire universellement et systématiquement
appliquée. Mais il est naturel que, d'après un principe
convenu, chaque guerrier assez important pour se faire
ou pour qu'on lui fît une part, prît ou reçût les deux
tiers des propriétés dans le territoire qui lui fut assigné. »
Quant au reste, les habitants durent continuer à en jouir
comme par le passé.

Puisque les Barbares respectèrent la loi romaine, et
même dans de certaines limites la propriété privée, il est
tout naturel d'en conclure qu'ils conservèrent aussi les
institutions municipales ; ce fait résulte clairement de nos
vieilles archives, et au commencement du sixième siècle
nous le voyons se confirmer pour Vienne, Angers, Cler-
mont, Paris, Tours, Trèves. Ainsi, Grégoire de Tours nous
raconte qu'en l'an 510, Gondebald, roi des Burgondes,
s'empara de Vienne, et fit périr son frère Gondegisile
avec tous les *sénateurs* qui n'avaient pas embrassé son
parti. S'il en fut de la sorte pour les villes du nord, à
plus forte raison les cités du midi, telles que Lyon, Nîmes,
Toulouse, Marseille, Narbonne, où la conquête franque
ne pénétra jamais à fond, où l'autorité temporelle des
évêques avait moins que dans le nord perdu son caractère
de magistrature, pour s'assimiler au pouvoir des barons,
où la civilisation romaine avait laissé de profondes
empreintes, durent-elles conserver leurs institutions municipales, comme l'attestent nos monuments, soit législatifs, soit administratifs. La loi Wisigothe, rédigée en
506 par ordre d'Alaric II, qui fut vaincu par Clovis à

Vouillé, l'année suivante, maintient comme bonnes la curie et toutes les magistratures municipales ; Théodoric s'étend longuement sur les *acta municipalia*, archives municipales, où se trouvaient inscrites les donations immobilières sous l'empire romain. « Cette nécessité de recourir aux curiales, ajoute M. Rivière dans son histoire des biens communaux, pour faire dresser et valider des actes importants, le lien qui attacha chaque citoyen à la municipalité, gardienne et dépositaire de ces titres, empêchèrent le régime municipal d'être englouti dans l'inondation des Barbares, et contribuèrent puissamment à sauver quelques restes de liberté et de civilisation, et à rallier autour de la curie tout ce qu'il y avait en Occident et en particulier dans les Gaules d'hommes intelligents et éclairés. La municipalité fut comme l'arche qui conserva, durant ce nouveau déluge, le dépôt de la loi et de la civilisation pour le rendre dans des temps meilleurs. »

Le régime municipal allait avoir à lutter contre un ennemi plus redoutable, le régime féodal, cette confédération de petits despotismes, comme on l'a justement nommé ; il devait subir une éclipse et il l'a subi. Déjà, au sixième siècle, les magistratures municipales n'eurent aucune place parmi les pouvoirs publics, aucun titre dans la nomenclature des fonctionnaires de l'Etat gallo-franck. Il n'y a désormais de titre que pour les emplois qui procèdent de la constitution politique du peuple conquérant, ou qui appartiennent au service du palais et du fisc royal. Pour désigner les dignitaires des municipalités, la langue officielle n'admet d'autre appellation que celle de *bons hommes*, qui, dans l'idiome des populations germaines voulait dire

citoyens actifs, capables d'être témoins ou juges au tribunal du canton. Ce nom vague recouvre, dans la plupart
des documents originaux, l'administration municipale
tout entière.

« A partir du règne de Charlemagne, une nouvelle
magistrature apparaît dans toutes les causes, soit des
Francks, soit des Romains, soit des Barbares vivant
sous leur loi originelle ; ce sont les scabini, choisis par le
comte, envoyé de l'empereur. Les anciens tribunaux
germaniques et la justice municipale sont également soumis à cette innovation judiciaire ; sous ce nom, depuis
Charlemagne, l'historien doit voir dans les villes, sinon la
curie tout entière, du moins une portion de la curie ; car
ce fut, sans nul doute, parmi ses membres les plus
notables que le comte et les habitants désignèrent les
juges dont la loi remettait la nomination à leur choix. Les
scabins francks, ceux du canton étaient de simples juges,
mais les scabins romains réunissaient le double caractère
de juges et d'administrateurs ; c'est de là que provient
l'institution de l'échevinage qui, elle-même, n'est qu'un
nouveau nom donné à quelque chose d'ancien, à la muni-,
cipalité gallo-romaine. »

Comme l'a merveilleusement définie M. Guizot, la féodalité était une confédération de petits souverains, de petits
despotes, inégaux entre eux et ayant, les uns envers les
autres des devoirs et des droits, mais investis dans leurs
propres domaines, sur leurs sujets personnels et directs,
d'un pouvoir arbitraire et absolu.

Les fiefs établissent une double relation : 1° une relation personnelle entre le seigneur et le vassal ; une

relation territoriale entre l'immeuble et la seigneurie dont cet immeuble est mouvant. Quant aux alleux ou terres qui ne dépendaient primitivement de personne, leurs propriétaires durent les recommander, aussi la plupart devinrent-ils, à leur tour, des bénéfices. De même les communes, qui ne furent pas assez puissantes pour se protéger elles-mêmes, se recommandèrent comme les simples particuliers, soit à des seigneurs, soit à des évêques, et de cette façon les biens municipaux devinrent des fiefs comme les autres terres. Comme les propriétés ecclésiastiques étaient seules exemptes d'impôts, les municipes transférèrent presque tous leurs biens aux évêques et aux monastères ; de là la fusion de presque toutes les propriétés communales en propriétés ecclésiastiques au moyen âge. « Le privilège d'immunité, nous dit l'illustre Augustin Thierry, qu'on ne saurait assez citer en cette matière, ne reste pas borné à de simples domaines, il s'étendit sur des villes entières : il y en eut, celle de Tours, par exemple, où tous les droits du fisc, c'est-à-dire de l'État furent supprimés ; l'évêque y fut souverain ou, pour mieux dire, sous son nom la ville elle-même devint souveraine. L'immunité, dans ce cas, agit de deux manières ; elle entoura, comme d'un enclos impénétrable, les restes des institutions romaines, et elle investit légalement l'évêque d'un pouvoir sans contrôle et sans contrepoids sur le gouvernement de la cité. Elle commença l'assimilation de la puissance épiscopale dans les villes avec le patronage seigneurial des grands propriétaires de la race francke dans leur domaine, assimilation qui se prononce de plus en plus, à mesure qu'on avance vers les temps féodaux. »

Si l'on considère toutes ces causes de dissolution de la propriété communale, usurpations des seigneurs, inféodation de toutes les terres, empiétements ou concessions du clergé et des ordres monastiques, on est amené à se demander s'il existait encore des biens municipaux au onzième siècle. « Restait-il au onzième siècle quelque chose qui fût possédé en propre par le corps des citoyens, écrit Augustin Thierry ? Retrouvait-on alors quelques débris des biens communaux en édifices et en terrains, qu'Amiens comme toutes les cités de la Gaule avait possédés à l'époque romaine, et dont la propriété s'était maintenue sous la domination francke. Il est difficile de répondre à cette question d'une manière positive. » Toutefois, M. Augustin Thierry semble donner lui-même une solution affirmative, lorsque, plus loin, il compte parmi les revenus de cette même commune d'Amiens au douzième siècle : « Le cens payé par les locataires ou fermiers des maisons, terrains, cours d'eau, pêcheries et marais qui appartenaient à la ville, soit *comme débris des anciens biens municipaux*, soit en vertu de concessions faites par le comte pour former la nouvelle banlieue. »

SECTION II.

RENAISSANCE DES COMMUNES, DU XIe AU XIVe SIÈCLES.

——

TITRE Ier. — *La Révolution communale.*

« Le démembrement de l'empire carlovingien fut à la fois utile et nécessaire, dit M. Augustin Thierry, auquel nous empruntons toute la partie historique de ce chapitre; si cet empire avait pu garder, comme l'empire romain dont il était une image grossière, l'unité et la fixité d'administration qui forcent à la longue le consentement des peuples, il aurait peut-être atteint son but; mais Charlemagne, homme double d'esprit, Romain et Germain à la fois, donna le premier coup à son œuvre en appliquant à l'Empire la règle de partage des domaines germaniques... Tout changea quand la souveraineté fut morcelée et quand le territoire social fut partout circonscrit dans une localité de médiocre étendue; les populations trouvèrent en face d'elles un pouvoir présent à qui elles purent demander compte du tort qui leur était fait; on vit, en moins d'un siècle, poindre et se développer une lutte politique d'un nouveau genre, celle des sujets contre les souverains locaux, seigneurs ou évêques; dans le Midi, ce fut contre les seigneurs laïques avec l'aide et l'appui des évêques restés fidèles à leur an-

5

cienne mission de membres et de soutiens du régime municipal; dans le Nord, contre les évêques eux-mêmes qui,
par des abus successifs, avaient transformé leur part d'autorité et de juridiction civile en seigneurie absolue...
Alors il se fit un grand mouvement qui agita et souleva
au sein des villes la classe d'hommes dont les occupa-
tions héréditaires étaient le commerce et l'industrie, classe
d'hommes anciennement libres et civilement égaux, qui
ne pouvaient s'ordonner dans la hiérarchie du vasselage,
qui n'avaient rien de ce qu'il fallait pour cela, ni les mœurs
toutes guerrières, ni la richesse territoriale, et que la
féodalité menaçait de réduire à la condition de demi-escla-
vage des cultivateurs du sol. Le but de ce mouvement,
qui apparut sous différentes formes et s'aida de moyens
divers, fut partout le même; ce fut de retrouver, de
raviver, de rajeunir en quelque sorte les éléments dégradés de la vieille société civile... Le principe des communes
du moyen âge, l'enthousiasme qui fit braver à leurs fon-
dateurs tous les dangers et toutes les misères, c'était bien
celui de la liberté, mais d'une liberté toute matérielle, si
l'on peut s'exprimer ainsi, la liberté d'aller et de venir,
de vendre et d'acheter, d'être maître chez soi, de laisser
son bien à ses enfants. »

Le mouvement municipal qui se manifeste au onzième
siècle devait avoir une importance capitale, non-seulement au point de vue des biens des communes, mais
encore au point de vue de l'histoire et de la civilisation;
nous devons en dire quelques mots. Avant tout, il
faut distinguer deux choses : la révolution et sa forme.
« Quant au fond, le mouvement révolutionnaire fut

partout identique ; en montant du Midi au Nord, il ne perdit rien de son énergie, et acquit même çà et là un nouveau degré de fougue et d'audace ; quant à la forme, cette identité n'eut pas lieu. » L'ébranlement social que produisit dans la dernière moitié du onzième siècle la querelle des investitures et la lutte de la papauté contre l'empire, avait singulièrement favorisé le réveil du régime municipal en Italie ; ainsi dans le Nord de ce pays nous voyons les *consuls*, premiers magistrats, devenir les repré- sentants d'une sorte de souveraineté absolue qui se person- nifiait en eux ; ils convoquent l'assemblée des citoyens, rendent des décrets sur toutes les choses d'administration, sont juges et instituent des juges au civil et au criminel. « Le mouvement communal ne s'arrêta pas en Italie, il passa les Alpes et se propagea dans la Gaule ; il gagna même les bords du Rhin et du Danube, les anciennes cités de la Germanie. L'impulsion partie des cités italiennes fut l'étin- celle qui alluma, de proche en proche, l'incendie dont les matériaux étaient accumulés ; elle donna une direction à la force spontanée de renaissance qui agissait partout sur les vieux débris de la municipalité romaine ; en un mot, elle fit de ce qui n'aurait été, sans elle, qu'une succession lente et désordonnée d'actes et d'efforts purement locaux, une révolution générale. »

Cependant le régime municipal italien, qui vint s'épa- nouir dans nos grandes cités méridionales, était quelque chose de trop raffiné et trop savant pour les municipes dégradés du Nord et même pour ceux du centre de la Gaule ; entre le Rhin, la Vienne et le cours supérieur du Rhône, l'instrument de régénération politique créé sur les

rives de l'Arno n'avait plus de prise ou demeurait sans
efficacité. Aussi, sur les deux tiers septentrionaux de la
France actuelle, le mouvement donné pour la renaissance
des villes, pour la formation de leurs habitants en corpo-
rations régies par elles-mêmes, eut-il besoin d'un autre
ressort que l'imitation des cités italiques. Il fallut qu'un
mobile plus simple, plus élémentaire en quelque sorte,
qu'une force indigène vînt se joindre à l'impulsion com-
muniquée de par-delà les Alpes. Ce second mouvement de
la révolution communale eut pour principe les traditions
les plus étrangères au premier ; nous voulons parler des
traditions germaniques.

« Dans l'ancienne Scandinavie, ceux qui se réunissaient
aux époques solennelles pour sacrifier ensemble, termi-
nait la cérémonie par un festin religieux. Assis autour du
feu et de la chaudière du sacrifice, ils buvaient à la ronde,
et vidaient successivement trois cornes remplies de bière,
l'une pour les dieux, l'autre pour les braves du vieux
temps, la troisième pour les parents et les amis dont les
tombes, marquées par des monticules de gazon, se voyaient
çà et là dans la plaine ; on appelait celle-ci la coupe de
l'amitié. Le nom d'amitié, *minne*, se donnait aussi quelquefois à la réunion de ceux qui offraient en commun le
sacrifice, et d'ordinaire cette réunion était appelée *ghilde*,
c'est-à-dire banquet à frais communs, mot qui signi-
fiait aussi association ou confrérie, parce que tous les
co-sacrifiants promettaient par serment de se défendre l'un
l'autre, et de s'entr'aider comme des frères. Cette pro-
messe de secours et d'appui comprenait tous les périls,
tous les grands accidents de la vie; il y avait assurance

mutuelle contre les voies de fait et les injures, contre
l'incendie et le naufrage, et aussi contre les poursuites
légales encourues pour des crimes et des délits même
avérés. Chacune de ces associations était mise sous le
patronage d'un dieu ou d'un héros dont le nom servait
à la désigner : chacune avait des chefs pris dans son sein,
un trésor commun alimenté par des contributions annuel-
les, et des statuts obligatoires pour tous ses membres ;
elle formait ainsi une société à part au milieu de la nation
ou de la tribu. La société de la *Ghilde* ne se bornait pas,
comme celle du canton germanique, à un territoire déterminé ; elle était sans limites d'aucun genre ; elle se propa-
geait au loin et réunissait toute espèce de personnnes,
depuis le prince et le noble jusqu'au laboureur et à l'artisan
libre. C'était une sorte de communion païenne qui entre-
tenait par de grossiers symboles et par la foi du serment,
des liens de charité réciproque entre les associés, charité
exclusive, hostile même à l'égard de tous ceux qui, restés
en dehors de l'association, ne pouvaient prendre les titres
de *convive, conjuré, frère du banquet.* »

Plus tard, dans la Gaule, nous voyons l'institution
ne pas rester immuable, et tout d'une pièce comme en
Scandinavie, mais s'assouplir, se dégager des envelop-
pes de son vieux symbole formaliste, devenir capable de
s'appliquer à des intérêts spéciaux, à de nouveaux besoins politiques, et se pratiquer non-seulement parmi les
hommes de descendance germanique, mais parmi les
habitants de toute origine et de toute condition, jusqu'aux
serfs de la Glèbe. On vit une dernière application de
la ghilde, toute locale et toute politique, qui produisit

de grands effets, *la commune jurée*. Née au sein des villes
de la Gaule septentrionale, la *commune jurée*, institution
de paix au-dedans et de lutte au-dehors, eut, pour ces
villes, la même vertu régénératrice que le Consulat pour
les villes du Midi; elle fut le second instrument, la seconde forme de la révolution du douzième siècle (1).
« La ville qui s'avisa la première de former une association de garantie mutuelle, restreinte à ses habitants seuls
et obligatoire pour eux tous, fut la créatrice d'un nouveau type de liberté et de communauté municipale. La
ghilde, non plus mobile et flottante, mais fixée inva-
riablement sur une base et dans des limites territoriales,
mais bornée à la protection des droits civils et des intérêts légitimes, tel était l'élément de cette organisation
urbaine, aussi originale dans son genre que la municipalité consulaire, et plus puissante que celle-ci pour rallier
une population asservie, une société à demi dissoute dans
l'enceinte des mêmes murailles. » « La commune, dit
Guibert de Nogent, qui vivait au douzième siècle, est une
chose nouvelle et détestable. Voici ce qu'on entend par
ce mot : les gens taillables ne paient plus qu'une fois
l'an à leur seigneur la rente qu'ils lui doivent. S'ils com-
mettent quelque délit, ils en sont quittes pour une amende
légalement fixée. Quant aux autres exactions qu'on a
coutume d'infliger aux serfs, ils en sont entièrement
exempts. »

Comme le Consulat des villes du Midi, la commune

---

(1) Voir, pour plus de détails, l'admirable ouvrage de M. Augustin Thierry, intitulé : *Considérations sur l'Histoire de France.*

jurée s'éteignit au commencement du quatorzième siècle ;
les rois avaient aidé les communes contre leurs seigneurs ;
mais ceux-ci, une fois abaissés, ils se retournèrent contre
leurs auxiliaires et les opprimèrent. Toutefois, les communes ne disparurent pas sans laisser des traces profondes
de leur existence ; dans chaque ville importante, une série
de mutations et de réformes organiques s'est opérée ; chacune a modifié, renouvelé, perdu, recouvré, défendu sa
constitution ; les personnes avaient été asservies par la
noblesse et le clergé, elles furent émancipées ; les biens
avaient été inféodés ; ils furent débarrassés de leurs en-
traves. Toutes les traditions de notre régime administratif sont nées dans les villes ; elles y ont existé longtemps
avant de passer dans l'État ; les grandes villes, soit du
Midi, soit du Nord, ont connu ce que c'est que travaux
publics, soins des subsistances, répartition des impôts,
rentes constituées, dette inscrite, comptabilité régulière,
bien des siècles avant que le pouvoir central eût la
moindre expérience de cela. Les municipes romains ont
conservé, comme un dépôt, la pratique de l'administration civile ; ils l'ont transmise, en la propageant, aux
communes du moyen âge, et c'est à l'imitation des communes que le gouvernement des rois de France s'est
mis à procéder, dans sa sphère, d'après les règles administratives.

TITRE II. — *Influence de la révolution communale sur les
biens composant le domaine de la commune.*

Il paraît nécessaire d'établir une distinction fonda-
mentale entre les villes constituées à l'état de communes

jurées ou de bourgeoisies, et les communautés d'habitants
de la campagne (1).

Comme nous venons de le voir, les villes de communes
ou de bourgeoisie étaient composées uniquement d'hommes libres ; elles avaient la propriété pleine et entière de
leurs biens communaux, soit que ceux-ci provinssent des
anciens municipes qui avaient traversé la féodalité, soit
que ce fussent des biens d'acquisition nouvelle. En effet,
les seigneurs, à l'époque de l'émancipation communale,
concédèrent aux communes la plus grande partie de leurs
terres incultes.

Il est vrai que dans beaucoup de chartes communales,
les concessions des seigneurs apparaissent simplement
comme la consécration d'un état de choses antérieur.
Cela ne veut pas dire cependant que les biens concédés ne
proviennent pas de la concession des seigneurs; cela
prouve que celle-ci remontait à une époque antérieure à
la constitution de la municipalité par sa charte d'émancipation.

Les communautés d'habitants de la campagne, au contraire, ne jouissaient pas de prérogatives aussi étendues
que celles des bourgeoisies ou des communes jurées. La
féodalité qui avait lutté pendant de longues années
contre les bourgeois des villes sans pouvoir maintenir ses
anciennes prérogatives, finit par se cantonner dans les
campagnes. Là, protégée par les hautes tours de ses
manoirs, elle maintint plus facilement les débris de sa

---

(1) Voir Rivière, *Histoire des Biens Communaux*, p. 331 et s.

souveraineté sur des populations éparses, ignorantes, et composées pour la plupart d'affranchis et de serfs de la glèbe. Les communautés d'habitants étaient composées d'anciens serfs, qu'on appelait alors *hommes de poeste*. Elles avaient en apparence de très grandes propriétés, puisque les seigneurs et les moines, pour attirer des colons autour de leurs châteaux, couvrir le déficit qu'occasionnait à leur détriment l'émancipation de leurs serfs et la diminution de leurs redevances et rivaliser de puissance avec les nouvelles municipalités, appelèrent à eux les habitants de la campagne en leur offrant des terres et des priviléges, ainsi que le droit de faire paître leurs bestiaux dans leurs pâturages ; mais ce n'était là qu'un simple droit de jouissance. C'est ce qui découle très clairement d'une charte du couvent de St-Thierry, au profit des habitants du bourg de Trigny, du mois de janvier 1241 : « Les habitants de Trigny, dit cette charte, promirent aussi que ni eux, ni leurs héritiers présents et à venir ne tiendraient *en alleu*, dans le domaine de l'église de Saint-Thierry, ni terres, ni vignes, ni bois, ni autres choses. » « Les mansioniers auront aussi, dit encore une charte de l'église de Reims, les usages dans nos bois et dans nos pâturages pour s'en servir en commun avec les hommes de nos autres bourgs, sauf pourtant dans les bois que nous avons déjà concédés à ces mêmes hommes, *mais en usage seulement. Aisantias communiter, nemora hominibus tantum concessimus ad usum.* »

On pourrait multiplier les textes desquels il résulte que les communautés d'habitants étaient de simples tenancières ; elles payaient non-seulement des cens et des redevances seigneuriales, mais encore des tailles et des taxations extraordinaires, par exemple quand le seigneur partait pour la terre sainte, quand il armait son fils chevalier, mariait sa fille ou était prisonnier de guerre.

« Dans les nombreux documents que j'ai parcourus, nous dit M. Rivière, je n'en ai point rencontré qui constatât la plénitude de propriété des communautés d'habitants; partout je ne les vois en possession que *d'usages et d'aisances, tout au contraire des communes, qui, dès leur origine, achètent à prix d'argent, et obtiennent par des traités avec leurs anciens seigneurs, non-seulement la jouissance et l'usage, mais le fonds même et la propriété de leurs biens communaux.* Dans les communes, le bourgeois libre et indépendant dispose à son gré de son avoir ; dans les communautés, le colon, possesseur apparent de la terre, en réalité n'en est pas le maître. Dès lors, on le conçoit, la capacité des universités, leur habileté à s'approprier la terre, est en raison directe de la capacité et de l'habileté des individus qui les composent. »

On peut de là, ce semble, tirer les conclusions suivantes : toutes les fois qu'il s'élevait une contestation entre les seigneurs et les communes, relativement à des propriétés, il suffisait que la commune prouvât qu'elle en avait joui pour qu'il existât en sa faveur une présomption de propriété pleine et entière. Si, au contraire, la même contestation s'élevait entre un seigneur et une communauté d'habitants, le seigneur pouvait revendiquer la propriété de l'objet en question, quoiqu'il fût prouvé que la communauté d'habitants en avait eu la jouissance.

SECTION III.

DES BIENS COMMUNAUX DEPUIS LE XIV° SIÈCLE JUSQU'EN 1789.

———

Le pouvoir royal, après avoir réduit la féodalité, entreprit de soumettre à leur tour les communes ; mais s'il attaqua et anéantit leur personnalité politique, il n'entrait pas dans ses vues de diminuer leur constitution territoriale ; dès lors les cités continuèrent à avoir la propriété de leurs biens communaux.

Devons-nous, à partir du quatorzième siècle, maintenir la distinction qui a été établie entre les communes et les communautés d'habitants de la campagne. M. Rivière soutient l'affirmative, et il s'appuie d'abord sur l'autorité de Guy-Coquille qui, dans ses *Questions sur les coutumes de France*, s'exprime ainsi : « De grande ancienneté, les seigneurs, voyant leurs territoires déserts et mal habités, concédèrent les *usages* à ceux qui y viendraient habiter pour les y semondre, et à ceux qui déjà y étaient pour les y conserver ; et retinrent quelque légère prestation, plutôt en recoignoissance de supériorité qu'en profit pécuniaire. » Cette présomption de propriété, ajoute M. Rivière, en faveur du seigneur, paraît surtout légitime au point de vue du droit féodal, si le seigneur a la haute justice ; car, ainsi que l'enseignait Dumoulin, le seigneur est fondé en la propriété de sa haute justice.

L'opinion contraire, soutenue par M. Aucoc, paraît plus justifiée : en effet, à partir de la réformation des coutumes au seizième siècle, les rapports des seigneurs et de leurs tenanciers sont profondément modifiés. On peut dire que, dans cette nouvelle législation, il n'y a plus de fiefs, qu'il n'y a que des patrimoines; que ce qui subsiste de la seigneurie, la *directe*, n'est plus qu'un titre de redevance sur les territoires et les habitants vilains ; que le vilain, en général, n'est plus *homme de poeste*, et qu'il peut devenir propriétaire. Et dès lors, quelle est la raison qui s'oppose à ce que les communautés, composées désormais de gens capables d'être propriétaires, deviennent, elles aussi, propriétaires de leurs biens communaux? M. Rivière indique lui-même que dans de nombreuses occasions, les seigneurs ont, par des cantonnements, soustrait aux droits d'usage des communautés une partie des territoires grevés de ces droits, en abandonnant la propriété pleine et entière du surplus. Dans le Languedoc, le droit de propriété des paroisses sur les biens communaux paraît avoir été tout à fait reconnu au quatorzième et quinzième siècles.

On trouve une preuve manifeste de notre opinion dans la déclaration du roi du 22 juin 1659, qui, en autorisant les communautés d'habitants de la Champagne à rentrer en possession des biens communaux dont elles ont été dépouillées sous forme de vente, dans des temps de détresse, constate « que la plupart des communautés et villages d'icelle province ont été portés à vendre et aliéner

à des personnes puissantes, comme seigneurs des lieux,
juges et magistrats ou principaux habitants des villes
leurs *biens, usages, bois et communaux*, et les ont vendus
sans cause légitime et à des sommes très modiques, et
bien souvent desdits prix n'a été touché aucune chose,
bien qu'il soit écrit autrement, par la violence des acqué-
reurs qui ont forcé les habitants de signer, sous de faux
prétextes, des choses qui leur fussent dues ou pour les
gratifier. »

On pourrait ajouter, s'il en était besoin, que l'ordonnance du mois d'août 1669 sur les eaux et forêts contient
un titre spécial, titre 25, relatif aux « bois, prés, marais,
landes, pâtis et autres biens appartenant aux communautés et habitants des paroisses.

Ces prémisses permettent de résoudre une question qui
a divisé les auteurs anciens et modernes, celle de l'origine
des biens communaux. Cette origine est complexe et multiple, comme on tend de plus en plus à le reconnaître :
la répartition primitive du sol au temps où dominait la
vie pastorale; l'attribution des terres vacantes faites aux
municipalités romaines par les empereurs; mais surtout,
et à peu près exclusivement pour les communautés rurales,
les concessions à titre gratuit ou à titre onéreux des
seigneurs ecclésiastiques et laïques, et les débris des
propriétés indivises des communautés agricoles du moyen
âge, telles paraissent être les diverses sources des biens
communaux.

Les seigneurs, dont la royauté restreignait de plus en
plus l'autocratie cherchaient, par toutes espèces de moyens,
non plus à conserver cette puissance qui leur échappait,

mais à étendre le plus possible leurs propriétés. Non contents d'exercer leurs violences contre les particuliers, ils s'attaquèrent aux propriétés des villes et des communautés. Les commentateurs du droit féodal, Pithou, Legrand, Lapoix de Fréminville nous apprennent de quelles façons ils s'y prenaient pour arriver à leur but. Tantôt ils couvraient leurs vols sous le manteau d'une transaction qui leur faisait la part léonine ; tantôt ils usaient d'intimidations et même de violence ; tantôt enfin ils se laissaient aller jusqu'à des soustractions de titres. Ils allaient aux archives qui étaient entre les mains de leurs officiers ; là, ils se faisaient délivrer les titres qu'ils désiraient et ils les anéantissaient. Les titres une fois anéantis, les biens leur appartenaient en vertu de la règle : *omnia censentur moveri a domino.*

Les rois essayèrent souvent, mais sans grand succès, de s'opposer à tous ces empiétements des seigneurs. Henri III défendit par son ordonnance de 1367 « à toutes personnes de quelque état et quelque condition qu'elles fussent, de prendre ni s'attribuer les terres vaines et vagues, pâtis et communaux de leurs subjets. » On ne l'entendit pas et il fut obligé, quelques années plus tard, de prendre une mesure plus énergique : « enjoignons, dit-il, dans son ordonnance de 1579, datée de Blois, à nos procureurs de faire informer diligemment et secrètement contre ceux qui, de leur propre autorité, ont osté et soustrait les lettres, titres et autres enseignements de leurs subjets pour s'accommoder des communs dont ils jouissaient auparavant, ou sous prétexte d'accords les ont forcés de se soumettre à l'advis de telles personnes que bon leur a semblé, et en faire poursuite diligente, déclarant dès à présent telles soumissions, compromis, transactions ou sentences arbitrales ainsi faites de nul effet. »

Henri III ne réussit pas à se faire obéir, et Louis XIV lui-même fut souvent impuissant pour faire respecter les biens des communes, comme nous le voyons par sa déclaration du 22 juin 1659 citée plus haut. En vertu de cet acte, Louis XIV ordonnait que les communes fussent rétablies de plein droit dans leurs biens aliénés depuis vingt ans, abstraction faite de la légitimité du titre d'aliénation. On ne tint pas compte de ses défenses, et dix ans plus tard il était obligé de les renouveler. Au mois d'avril 1667, il rendit un édit, dans le préambule duquel on lit le passage suivant : « entre les désordres causés par la licence des guerres, la dissipation des communautés a paru des plus grandes. Elle a été d'autant plus générale que les seigneurs et autres personnes puissantes se sont prévalus de la faiblesse des plus nécessiteux... Pour dépouiller les communautés, l'on s'est servi de dettes simulées ; on a abusé des formes de la justice... Les communaux ayant été aliénés, les habitants, se trouvant privés des moyens de faire subsister leurs familles, ont été forcés d'abandonner leurs maisons ; les bestiaux ont péri, les terres sont demeurées incultes, et le public en a reçu des préjudices très considérables. »

Et le roi ordonna de nouveau que les habitants des paroisses et communautés, dans toute l'étendue du royaume rentreraient, sans autre formalité de justice, dans les fonds, prés, pâturages, bois, terres, usages,

communes, communaux par eux vendus, baillés à cens
ou emphytéose depuis l'année 1620...

Ces moyens détournés pour s'emparer des biens communaux, dettes simulées, abus des formes de la justice,
transactions, violences, etc., ne furent pas les seuls em-
ployés par les seigneurs; ils recoururent aussi aux *triages*
et aux *cantonnements,* qui furent sanctionnés par la loi.

Triage. — Quand les seigneurs, pour attirer autour de
leurs châteaux les bras nécessaires à la culture de leurs
terres, concédèrent à ceux qui vinrent s'y établir une
certaine portion de leurs propriétés, ils le firent assez
largement. Mais, plus tard, ils virent quelle valeur prenaient les biens concédés; ils tâchèrent de les ressaisir,
et furent aidés par les feudistes qui se mirent l'esprit à
la torture pour les justifier. Spécialement pour le triage,
voici comment raisonnèrent les feudistes : les concessions
avaient plus ou moins d'étendue ; tantôt c'étaient de simples usages, tantôt c'étaient des propriétés pleines et
entières ; celles qui étaient concédées à titre onéreux
demeuraient pour toujours hors du domaine des seigneurs ; celles au contraire qui étaient concédées à titre
gratuit ne produisaient pas des effets aussi radicaux ; le
seigneur conservait sur elles un droit d'usage ; or, di-
saient les feudistes, comme personne n'est tenu de rester
dans l'indivision, le seigneur avait le droit de demander
le partage, non de l'usage, mais de la propriété.

L'habitude d'abord et plus tard la loi décidèrent que
la part du seigneur serait, dans ce partage, du tiers de
tous les biens concédés. En réalité, le triage était, selon

l'expression saisissante de Merlin, le droit pour le seigneur de reprendre ce qu'il avait donné.

On ne saurait préciser à quelle époque s'établit ce droit;
mais on peut affirmer qu'il existait déjà au seizième
siècle, car Pithou rapporte un arrêt de 1552 qui le consacre ; il donna naissance à une foule d'abus que les rois
cherchèrent à faire disparaître; Louis XIV ne recula pas
devant une disposition rétroactive. Par son ordonnance
de 1667, il abolit les triages opérés depuis 1630; on y
lit : « Article 7. Les seigneurs qui auront fait le triage à
leur profit depuis l'année 1630, seront tenus d'en abandonner la libre et entière possession aux communautés
d'habitants, nonobstant tous contrats, transactions, jugements et autres choses à ce contraires. — Article 8. Et
au regard des seigneurs, qui se trouveront en possession
desdits usages auparavant lesdites trente années sous
prétexte dudit tiers, ils seront tenus de représenter le
titre de leur possession par devant les commissaires à ce
députés, pour, en connaissance de cause, y être pourvu. »

Louis XIV détermina, deux ans plus tard, par son
ordonnance de 1669, d'après quelles règles devaient opérer et les tribunaux et les commissaires de la couronne.
Le droit de triage fut maintenu au tiers des biens, sous
deux conditions : 1° qu'il fût justifié que les terrains litigieux avaient été concédés par les seigneurs à titre gratuit;
2° qu'il fût prouvé que les deux tiers restant aux habitants suffisaient à leurs besoins. Voici le texte de l'ordonnance : « Article 4 du titre : des bois appartenant aux
communautés : si les bois étaient de la concession gratuite
des seigneurs, sans charge d'aucun cens, redevances,

prestations ou servitudes, le tiers en pourra être distrait et séparé à leur profit, en cas qu'ils le demandent et que les deux autres tiers soient suffisants pour l'usage de la paroisse; sinon, le partage n'aura pas lieu, mais les seigneurs et les habitants en jouiront comme auparavant. Ce qui sera pareillement observé pour les prés, marais, îles, pâtis, landes, bruyères et grasses pâtures, où les seigneurs n'auront aucun droit que l'usage, et le droit d'envoyer leurs bestiaux en pâture, comme premiers habitants, sans part ni triage, s'ils sont de leur·concession, sans prestation, redevance ou servitude. » ·

Les abus continuèrent malgré les ordonnances, et quant au droit de triage, il ne fut aboli que par les lois de la révolution.

Cantonnement. Le cantonnement avait lieu pour les biens dont la propriété *directe et utile* était au seigneur, et dans lesquels les habitants d'une commune ne possédaient qu'un droit d'usage. Le seigneur par ce moyen pouvait affranchir du droit d'usage le reste des biens, en abandonnant la pleine propriété d'une certaine·partie.

La faculté de le demander appartenait au seigneur seul; l'usager n'en avait pas le droit. Cette bizarrerie fut abolie par la loi du 20 août 1792. Les tribunaux ordinaires n'étaient pas non plus compétents pour statuer sur ces demandes; en effet, leurs sentences sont purement déclaratives ; ils ne peuvent qu'ordonner l'exécution des conventions si elles sont claires, ou les interpréter si elles sont obscures, mais dans aucun cas ils ne peuvent intervertir un titre ; par conséquent, ils ne pouvaient nullement changer des usages en propriétés ; l'autorité du roi devenait nécessaire, et encore violait-on la loi civile qui exige l'accord des parties pour substituer un second contrat à un contrat primitif.

Le législateur de 1790 n'alla pas aussi loin pour le cantonnement que pour le triage; le décret du 19 septembre 1790 se borna simplement à transporter le jugement des demandes en cantonnement aux tribunaux de district.

En résumé, pour que le triage ait lieu, il faut que la *propriété* des terrains litigieux soit entre les mains des communes en vertu d'une donation seigneuriale; et pour la demander le seigneur doit prouver que lui ou ses ancêtres ont donné les biens en question à la commune; pour le cantonnement, il faut que l'*usage* seulement des biens litigieux appartienne aux communes, et la *propriété* au seigneur, et pour le demander, ce dernier doit d'abord démontrer qu'il est propriétaire des biens en litige et que les habitants sont de simples usagers.

DROIT MODERNE

DEPUIS 1789 JUSQU'A NOS JOURS.

Ce travail peut se diviser en sept sections :

1° Résumé des principales lois concernant les biens communaux rendues depuis 1789 jusqu'en 1867 ;

2° Modes d'administration des biens communaux ;

3° Des droits incorporels communaux ;

4° Du partage des biens communaux ;

5° De l'aliénation des biens communaux ;

6° Des droits des sections de communes ;

7° Des impôts dus pour les biens communaux avant et après 1789.

SECTION Ire.

RÉSUMÉ DES PRINCIPALES LOIS CONCERNANT LES BIENS COM-MUNAUX RENDUES DEPUIS 1789 JUSQU'EN 1867.

———

Malgré la révolution communale des douzième et treizième siècles, le servage subsista dans certaines parties de la France. Louis XVI, il est vrai, rendit, sous l'inspiration de Necker un édit qui abolissait le servage dans toutes les terres du domaine de la Couronne, mais il n'osa le supprimer dans les terres des seigneurs (édit du 8 août 1779). Il y avait encore des propriétés nobles et des propriétés roturières ; une foule de droits seigneuriaux, tels que dîmes, banalités, droits exclusifs de pêche, de chasse, de colombier, de justices seigneuriales, existaient encore ; ils furent abolis par le fameux décret du 4 août 1789 dont les lois suivantes relatives au domaine communal ne furent que des corollaires en quelque sorte (1).

La loi des 13-20 avril 1791 avait enlevé aux seigneurs pour l'avenir le droit de s'approprier les terres vaines et vagues ou gastes, landes, biens hermès ou vacants, garri-

———

(1) Voir l'excellent ouvrage de M. Aucoc sur les *Sections des communes.*

gues, etc., par le motif que les seigneurs étaient, depuis le décret du 4 août 1789, déchargés de l'entretien des enfants trouvés, ainsi que des appointements de leurs juges et des frais de justice criminelle. Les articles 7, 8 et 9 de cette loi portent : « Article 7. Les droits de déshérence, d'aubaine, de bâtardise, d'épaves, de varech, de trésor trouvé, et celui de s'approprier les terres vaines et vagues ou gastes, landes, biens hermès ou vacants, garigues, etc., n'auront plus lieu en faveur des ci-devant seigneurs, à compter de la publication des décrets du 4 août 1789, les ci-devant seigneurs demeurant depuis cette époque déchargés de l'entretien des enfants trouvés. — Article 8. Et, néanmoins, les terres vaines et vagues ou gastes, biens hermès ou vacants, garrigues, flegards ou vauschaix, dont les ci-devant seigneurs ont pris publiquement possession avant la publication du décret du 4 août 1789, en vertu des lois, coutumes, statuts ou usages locaux lors existants, leur demeurent irrévocablement acquis sous les réserves ci-après : Article 9. Les ci-devant seigneurs justiciers seront censés avoir pris publiquement possession desdits terrains à l'époque désignée par l'article précédent, lorsque, avant cette époque, ils les auront soit inféodés, accensés ou arrentés, soit clos de murs, de haies ou de fossés, soit cultivés ou fait cultiver, plantés ou fait planter, soit mis à profit de toute autre manière, pourvu qu'elle ait été exclusive ou à titre de propriété; ou, à l'égard des biens abandonnés par les anciens propriétaires, lorsqu'ils auront fait les publications et rempli les formalités requises par

les coutumes pour la prise de possession de ces sortes
de biens.

En résumé, la loi des 13-20 avril 1790 s'occupe des
terres vaines et vagues. Elle les divise en deux catégories :
1° celles dont les seigneurs se sont mis publiquement en
possession avant le 4 août 1789, et qui leur sont attribuées ; les autres qui deviennent la propriété des communes. Quant aux terrains *cultivés ou non*, qui avaient
pu être usurpés par les seigneurs et qui avaient fait
l'objet des ordonnances de 1867, 1629, 1667, 1669,
leur destinée fut réglée par la loi des 20 août, 14 septembre 1792.

Cette dernière loi, au point de vue qui nous occupe,
avait un double but : 1° faire restituer aux communes les
biens, cultivés ou non, qui avaient été usurpés par la
féodalité ; 2° étendre le domaine communal aux terres
vaines et vagues qui avaient été défrichées ou possédées
par les seigneurs depuis moins de 40 ans, à partir du
4 août 1789. Ainsi, tout d'abord l'article 8 s'exprime
ainsi : « Les communes qui justifient avoir anciennement
possédé des biens, des droits d'usage quelconques dont
elles auront été dépouillées en tout ou en partie par des
ci-devant seigneurs, pourront se faire réintégrer dans
la propriété et possession desdits biens ou droits d'usage,
nonobstant tous édits, déclarations, arrêts du conseil,
lettres patentes, jugements, transactions et possessions
contraires ; à moins que les ci-devant seigneurs ne repré-
sentent un acte authentique qui constate qu'ils ont légitimement acheté les dits biens. » Pour réclamer les biens
usurpés par les seigneurs, les communes devaient prouver

deux choses : 1° avoir anciennement possédé les biens réclamés ; 2° avoir été dépossédées par les seigneurs. La jurisprudence paraît avoir fort bien interprété cet article, en décidant qu'il ne suffisait pas à une commune d'avoir possédé quelque temps les biens pour pouvoir les revendiquer, mais qu'il était nécessaire qu'elle eût un titre légitime, ou qu'elle eût possédé un temps suffisant pour prescrire, et que ni la tradition populaire, ni les délibérations des communes ne pouvaient être considérées comme des preuves suffisantes de propriété. (Cour de cassation, 18 brumaire an XII et 20 juin 1808).

Quant au tiers détenteur, auquel les seigneurs auraient vendu les terres en question, il est en dehors de l'article 8, et les communes n'ont contre lui qu'une simple créance, dans le cas où il n'aurait pas payé son prix d'acquisition ; c'est ce qui résulte clairement de la combinaison des articles 3, 4 et 13 de la loi de 1892. « Article 3. Les dispositions précitées, n'auront lieu qu'autant que les ci-devant seigneurs se trouveront en possession actuelle des dites portions de bois et autres biens dont les communautés auront été dépossédées ; mais elles ne pourront exercer aucune action en délaissement, si les ci-devant seigneurs ont vendu les dites portions à des particuliers non seigneurs par des actes suivis de leur exécution. Article 4. Si les ci-devant seigneurs n'ont pas reçu le prix des dites portions de biens vendues dans le cas exprimé par l'article précédent, ce prix tournera au profit des communautés avec les intérêts qui pourraient se trouver dus ; et dans le cas où les dites portions auraient été aliénés à titre de bail à cens emphytéote ou de tout

autre bail à rente, les rentes stipulées ainsi que les arré-
rages et le prix du rachat tourneront également au profit
des communautés.

Dans quel laps de temps les communes devaient-elles
se faire restituer? L'opinion qui a prévalu, c'est que
l'article 8 ne limitant pas le délai, comme le font les
articles qui le précèdent et ceux qui le suivent, il faut
appliquer le délai ordinaire. Il s'agit de réformer des
actes de spoliation, et on comprend que la loi ait
accordé des délais plus longs que ceux de l'article 9.

Il peut arriver que les communes se soient mises, par
voie de fait et sans revendication, en possession ; ont-
elles interrompu la prescription? La majorité des auteurs
ainsi que les arrêts décident la négative. Les actions en
restitution donnèrent lieu à de nombreux abus, favorisés
par la réaction en faveur des communes, et plusieurs lois
durent intervenir pour réglementer la mise en possession.
La dernière de ces lois porte que les communes qui ont
obtenu des jugements de restitution doivent les produire
devant le préfet de leur département dans le délai de six
mois, sinon qu'ils seront considérés comme non avenus
(art. 1, loi du 9 germinal an XI). A cette époque, c'était
en effet contre l'Etat que les communes revendiquaient ;
car la Convention avait fait passer dans les biens de la
nation les biens possédés par les bénéficiers ecclésiastiques, les monastères, les émigrés, etc.

La loi de 1792 s'occupa aussi des terres vaines et
vagues, mais elle fut bien plus favorable aux communes
que celle de 1791. Voici en effet comment est conçu son
article 9 : « Les terres vaines, vagues, landes, garrigues,

biens hermès ou vacants, etc., dont les communautés ne pourraient pas justifier avoir été anciennement en possession, sont censés leur appartenir et leur seront adjugés par les tribunaux, à moins que les anciens seigneurs ne prouvent, par titre ou possession exclusive, continuée paisiblement et sans trouble pendant 40 ans, qu'ils en ont la propriété. » On bouleversait ainsi l'économie de la loi de 1791.

La loi de 1793 va encore plus loin : elle ne se contente plus d'une possession de 40 ans, elle exige du seigneur un *titre légitime d'acquisition*, pour lui permettre de repousser la revendication des communes, et viole dans toute sa teneur les principes les plus avérés de la raison du droit. Voici en quels termes sont conçus les deux articles de la section IV de cette loi, relative à notre matière : « Art. 1er. Tous les biens communaux en général, connus sous les divers noms dè terres vagues et vaines, gastes, garrigues, landes, pacages, pâtis, ajoncs, bruyères, bois communaux, hermès, vacants, palus, marais, marécages, montagnes, et sous toute autre dénomination quelconque *sont et appartiennent de leur nature,* à la généralité des habitants ou membres des communes, des sections de communes dans le territoire desquelles ces communaux sont situés ; et comme telles les dites communes ou sections de communes sont fondées et autorisées à les revendiquer sous les restrictions et modifications ci-après : article 8. La possession de 40 ans exigée par la loi du 28 août 1792, pour justifier la propriété d'un ci-devant seigneur sur les terres vaines et vagues, landes, marais, etc , ne pourra, en aucun cas, suppléer le titre légitime, et le titre légitime ne pourra être celui qui émanerait de la puissance féodale, mais seulement un acte authentique qui constate qu'ils ont légitimement acheté les dits biens conformément à l'article 7 de la loi du 28 août 1792.

Ainsi, la loi de 1792 se détermine par la considération que ces terres sont *censées* appartenir aux communes : la seconde plus tranchante et plus catégorique, déclare qu'elles leur *appartiennent de leur nature*.

La loi du 21 prairial an IV *suspendit* toutes les dispositions de celle du 10 juin 1793 ; ce sursis ne dura que jusqu'à la loi du 9 ventôse an XII qui la modifie dans ses dispositions relatives au *partage des biens communaux ;* quant aux articles qui viennent de nous occuper, ils ne sont pas abrogés (cassation 21 décembre 1825).

Vis-à-vis des tiers détenteur, la loi du 10 juin 1793 use de distinctions, articles 9 et 10 : 1° si le tiers détenteur a acquis ces terres vaines et vagues d'un seigneur, elle le maintient propriétaire dans deux cas : 1° s'il a eu 40 ans de possession au 4 août 1789 ; 2° si, n'ayant pas eu 40 ans de possession au 4 août 1789, il a un titre légitime joint au fait d'avoir défriché par lui-même ou par ses auteurs les terres vaines et vagues dont il s'agit ; 2° si le tiers détenteur a acquis ces terres vaines et vagues d'un particulier non seigneur avant 1793, ou s'il se trouve en possession sans titre, la loi lui applique le droit commun. C'est donc alors à la commune de fournir les preuves de sa propriété ; la présomption tirée de l'article 1er de la section IV cesse, puisque l'article 9 proclame que le législateur n'a eu pour but que la répression des abus de la puissance féodale.

Nous trouvons à la suite du décret de 1793 une foule d'autres décrets relatifs aux biens communaux ; mais aucun n'a changé celui de la Convention, au point de vue de la propriété communale. Cependant deux lois, l'une du 20 mars 1813, l'autre du 23 septembre 1814 tentèrent de faire pénétrer dans la législation communale des principes inadmissibles. Dans le but de créer au profit de l'État des ressources dont il avait un pressant besoin (c'était l'époque des revers de Napoléon Ier), ces deux lois l'autorisèrent à vendre à son profit toutes les propriétés communales, à la charge de servir aux communes ainsi dépouillées une rente égale au montant du revenu net des biens vendus ; mais elles ne purent recevoir heureusement qu'une exécution partielle et furent abrogées en 1816. D'ailleurs, elles n'étaient pas applicables aux biens communaux proprements dits, mais seulement aux biens patrimoniaux. La loi du 18 juillet 1837, le décret du 25 mars 1852 et la loi du 24 juillet 1867 s'occupèrent aussi des biens communaux, mais sans rien modifier au point de vue de la propriété. Enfin, nous aurons à parler plus loin de la loi du 18 juillet 1860 sur la mise en culture des marais et des terres incultes, qui a essayé de transformer la propriété communale en offrant aux communes l'avance des fonds du Trésor et la science des ingénieurs de l'État.

SECTION II.

MODES D'ADMINISTRATION DES BIENS COMMUNAUX.

————

Les conseils municipaux *règlent* par leurs délibérations (article 17, loi de 1837) :

1° Le mode d'administration des biens communaux ;

2° Les conditions des baux à ferme ou à loyer dont la durée n'excède pas dix-huit ans pour les biens ruraux et neuf ans pour les autres biens ;

3° Le mode de jouissance et la répartition des pâturages et fruits communaux autres que les bois, ainsi que les conditions à imposer aux parties prenantes ;

4° Les affouages en se conformant aux lois forestières.

Toutefois, les délibérations du conseil ne sont exécutoires que si, dans un délai de trente jours, le préfet ne les a pas annulées, soit pour violation de la loi, soit dans le cas de réclamation d'une partie intéressée. La loi du 24 juillet 1867 n'a modifié qu'une seule chose en ce qui concerne l'administration des biens communaux. Désormais, les conseils municipaux pourront faire des baux de dix-huit ans aussi bien pour les maisons que pour les biens ruraux.

Le mot *régler*, dans l'article 17 de la loi de 1837 est employé dans le sens de décider, arrêter. Jusqu'alors les conseils municipaux, organisés par la loi du 28 pluviôse an VIII, ne décidaient rien de leur propre autorité ; leurs délibérations n'avaient pour résultat qu'une adhésion, une proposition, l'expression d'un vœu et non d'une volonté ; elles ne constituaient proprement que des projets dont l'exécution demeurait subordonnée à une tutelle supérieure. La loi de 1837 affranchit les délibérations d'un intérêt purement local, et confère aux représentants de la commune, juges-nés de cet intérêt, le *pouvoir* de le régler conformément aux lois qui le régissent ; elle ne laisse à l'autorité administrtive que le moyen d'assurer l'exercice légal de ce pouvoir, et, sous ce point de vue, elle rentre exactement dans l'esprit du premier code municipal de 1789, qui s'éteignit avec les lois du Consulat et de l'Empire.

Titre Ier.

Jouissance des biens communaux.

Les conseils municipaux règlent le mode de jouissance et la répartition des pâturages et fruits communaux autres que les bois, ainsi que les conditions à imposer aux parties prenantes.

La loi organique du 14 décembre 1789 ne spécifie rien sur le règlement des jouissances communales ; mais il suffit que cet objet ne soit pas compris dans l'énumération des actes qui devaient être délibérés en assemblée générale et soumis à l'administration centrale du département, pour permettre de penser qu'il était dès lors considéré comme une des fonctions propres au pouvoir municipal, et qui s'exerçaient sous la simple surveillance et l'inspection des assemblées administratives.

Le Code rural du 6 octobre 1791, section IV, ne dispose qu'à l'égard des usages exercés entre particuliers sur les propriétés privées. Mais la loi du 10 juin 1793 est plus explicite que le Code de 1791 ; nous verrons plus loin qu'elle autorise le partage, en établit les conditions, mais ne l'impose pas aux communes. Aussi lit-on section III : « L'assemblée des *habitants* (1) *pourra* pareillement déterminer qu'un bien communal continuera d'être joui en commun, et, dans ce cas, elle fixera les règles qu'elle croira les plus utiles pour en régler la jouissance... La délibération sera transmise au directoire du département, pour y être autorisée de l'avis du directoire du district. » Ainsi, la loi de 1793 refusait à l'administration municipale un pouvoir absolu de règlement ; celle du 28 pluviôse an VIII semblait le reconnaître davantage, mais, en réalité, ce fut le préfet qui régla, et le gouvernement se réserva ce droit, en cas de changement d'un ancien mode de jouissance.

Quels sont le caractère et l'étendue de ce bénéfice de communalité et en quoi consiste la faculté de l'ayant-droit ? On sait : « 1° que la propriété des communaux appartient à la *généralité* des habitants et que ceux-ci n'y ont, chacun pour soi, qu'un droit de jouissance qui est le même pour tous, comme la qualité d'où il dérive ; 2° que l'administration de cette propriété réside exclusivement dans

_____

(1) On remarquera que tout individu *de tout sexe*, ayant droit au partage et âgé de 21 ans, votait dans ces assemblées.

le corps régulateur et gardien de tous les intérêts communs. Dès lors, la jouissance à titre égal pour chacun ne pourra être exercée que par la *généralité*, et il ne dépendra pas de quelques membres de rien changer à l'ordre établi dans l'intérêt de tous. En effet, soit que le fonds de la généralité demeure livré à l'usage commun ou que la jouissance soit répartie entre les habitants, aucun des ayants-droit en particulier ne peut ni exiger sa part séparée de jouissance si l'usage est en commun, ni obliger le corps à conserver la jouissance dont le partage aurait été valablement délibéré.

La jouissance des biens communaux proprement dits est presque toujours laissée aux habitants de la commune. Quelquefois les conseils municipaux exigent une certaine redevance en argent; souvent aussi les habitants n'ont que les impôts à payer.

Les conseils municipaux doivent dresser la liste des ayants-droit, la publier et l'afficher pour provoquer les réclamations de ceux qui se croiraient lésés, et enfin rendre une décision définitive, qui sera ensuite transmise aux réclamants pour se pourvoir devant les autorités compétentes.

Pour avoir droit aux jouissances communales, il faut la réunion de plusieurs conditions : 1° que le réclamant soit chef de famille, et par là on entend celui qui est indépendant et maître de sa personne, peu importe du reste qu'il soit marié ou veuf, majeur ou mineur. Les curés et les maîtres d'école sont compris sous la dénomination de chefs de famille.

Les pauvres qui ne sont pas inscrits au rôle de la

contribution personnelle et mobilière d'une commune,
qui, par conséquent, ne supportent aucune des charges
attachées à la qualité d'habitant, doivent-ils être admis
aux jouissances communales ? Une ordonnance du conseil
d'État répond négativement, mais la plupart des auteurs
soutiennent le contraire; ce serait, ce semble, placer les
pauvres dans une position inquiétante pour la société que
de les priver des affouages et des jouissances communes.
D'ailleurs, ajoute Dalloz, les communaux ne sont-ils pas
le patrimoine des pauvres ? C'est bien d'eux que l'on peut
espérer une amélioration du sort du travailleur; la doctrine qui tend à les en priver sans aucun texte clair et
formel est donc non-seulement contraire aux règles d'interprétation des lois, mais encore à l'humanité.

La loi exige en second lieu que celui qui réclame des
jouissances communales ait un *domicile réel et fixe* dans
la commune. Les auteurs se sont divisés sur la question
de domicile. Dans un premier sens, on invoque l'esprit de
toutes les lois qui se sont occupées de partage ou de la
jouissance des biens communaux ; elles ont voulu que les
personnes en profitant fussent fixées dans la commune
d'une manière permanente ; ainsi, la loi du 10 juin
1793 exigeait que l'on eût été domicilié un an avant la
promulgation du décret du 14 août 1792 pour pouvoir
être admis au partage; quelques lois de l'époque intermédiaire contenaient des dispositions semblables ;
enfin il ne faut pas trop facilement permettre aux individus d'être admis à l'affouage, parce que beaucoup
viendront acquérir le domicile dans les communes propriétaires, pour enlever une part aux anciens habitants.

Malgré ces motifs, il semble que le droit commun doive être appliqué ; l'article 105 du code forestier exige seulement qu'on soit domicilié, et d'après le droit commun le domicile est un lieu où l'on a son principal établissement, sans qu'aucune condition de résidence plus ou moins longue soit exigée. Il est vrai que notre article parle d'un domicile fixe ; mais par là on a voulu simplement écarter ceux qui n'ont pas la résidence.

Faut-il, pour avoir droit aux jouissances communales, être naturalisé ? En d'autres termes, les étrangers ont-ils droit aux jouissances communes ? L'article 3, section II de la loi du 10 juin 1793, dit que les Français seront seuls admis au partage des biens communaux. Un auteur, M. de Cormenin, et de nombreux arrêts se fondant sur ce texte ont décidé que les étrangers, quand bien même ils seraient autorisés à établir leur domicile en France, ne devaient avoir aucune part dans les affouages et dans les jouissances communales. Mais cette opinion n'a pas prévalu ; la jurisprudence la plus récente, d'accord avec les auteurs les plus autorisés, admet que l'article 13 du code civil a rapporté la disposition de la loi du 10 juin 1793. L'article 13 du code civil dit, en effet, que l'étranger autorisé à établir son domicile en France y jouira des droits civils. Or, le droit de prendre part aux jouissances communales est bien évidemment un droit civil ; il s'ensuit que l'étranger ne doit pas en être privé. La Cour de cassation l'a ainsi jugé dans un arrêt fortement motivé du 11 mai 1858 : « Attendu que les droits de pâturage et d'affouage que les habitants d'une commune exercent sur les biens communaux réservés à cet effet sont des

droits réels existants pour l'utilité des maisons et héritages de la commune; que la jouissance en appartient
dès lors à tous ceux qui possèdent, habitent ou exploitent
ces maisons ou héritages, quelle que soit leur qualité ;
que les articles 1, 2, 3 de la section deuxième de la loi
du 10 juin 1793, qui faisaient de la qualité de citoyen
français une condition nécessaire pour avoir droit au
partage des biens communaux, sont sans application dans
la cause, puisque leurs dispositions se référaient uniquement au partage et non à la jouissance des dits biens,
ainsi que cela résulte de l'article 15, section III de cette
loi; que les étrangers à qui nos lois permettent d'être
propriétaires ou fermiers en France, doivent, comme tous
les autres habitants, jouir du droit de partage et d'affouage
sur les biens communaux... attendu qu'il est reconnu en
fait, dans le jugement attaqué que B. habite depuis plusieurs années la commune de H. et exploite à titre de
fermier un domaine situé sur le territoire de la commune...

Depuis 1858, la Cour de cassation n'a pas changé de
jurisprudence; elle a même décidé, par arrêt du 21 juin
1861, qu'un étranger, même non autorisé à établir son
domicile en France, a droit aux jouissances communales,
s'il a fixé sa résidence dans la commune d'une manière
réelle et permanente.

Sous l'ancien régime, la qualité de propriétaire était
prise en sérieuse considération, en ce qui concernait le
mode de répartition des jouissances communales. Ainsi
deux arrêts du parlement de Rouen, des 2 avril 1737 et
9 mars 1747 attribuèrent à chaque propriétaire une part

de jouissance proportionnelle à l'étendue de leurs domaines. D'autres arrêts prennent au contraire pour base le montant des contributions ou le toisé des habitations.

Enfin, des lettres patentes des 28 octobre 1771, 9 mai 1773, 26 octobre 1777, édictées spécialement pour la Flandre et l'Artois, mettant de côté l'étendue des propriétés, le montant des contributions, le toisé des bâtiments de chaque propriétaire, donnèrent un droit de jouissance égal à chaque chef de famille. C'est ce qu'on a appelé le partage par feux.

La loi du 10 juin 1793 ordonna que la répartition des fruits communaux se ferait par tête d'habitant. L'égalité la plus absolue devait exister entre tous ceux qui avaient droit aux jouissances, sans distinction de qualité et d'âge. Les mineurs, les femmes, les filles, les veuves, pouvaient réclamer un droit aussi étendu que les plus gros propriétaires.

En 1806, le conseil d'Etat, revint à l'idée du partage par feux consacrée dans les lettres patentes de 1771 et de 1773. Cette décision, prise dans une affaire spéciale, se généralisa et fut appliquée dans un avis du même conseil du 20 juillet 1807 relatif au partage des biens indivis entre plusieurs communes. Enfin, le législateur du code forestier la fit passer dans la loi où elle forme l'article 105, ainsi conçu : « s'il n'y a titre ou usage contraire, le partage des bois d'affouage se fera par feux, c'est-à-dire par chef de famille ou de maison ayant domicile réel et fixe dans la commune ; s'il n'y a également titre ou usage contraire, la valeur des arbres délivrés pour construction ou réparation sera estimée à dire d'expert et payée à la commune. »

Par le mot *titre*, il faut entendre les écrits émanés soit
de la première législative, soit de l'administration supérieure, ou bien consentis contractuellement par les communes au profit des tiers. *L'usage* peut être opposé
comme le titre, et à défaut du titre à la règle générale ;
mais il est nécessaire que l'usage soit assez ancien pour
suppléer au titre. Suivant un avis du Comité de l'intérieur
qui suivit de près la publication du code forestier « on
peut reconnaître l'usage comme établi dans le sens de
l'article 105, quand il a été introduit d'une manière régulière et suivie, sans réclamation pendant une plus ou
moins longue période d'années, quoiqu'on ne puisse déterminer, en règle générale, à quelle époque il remonte ;
l'usage doit encore réunir une autre condition, c'est d'avoir
commencé sous l'empire de lois qui ne s'opposaient pas
à son établissement. Si donc il s'agit du partage des
bois taillis d'affouage, l'usage de les partager en raison
de l'étendue des propriétés, introduit depuis trente ans,
ne serait pas suffisant pour faire exception, parcequ'il
aurait été, dès son principe, prohibé par la loi du 26
nivôse an II et par l'arrêté du 29 frimaire an X, qui
prescrivent que ce partage doit avoir lieu par tête. »

L'usage peut être opposé à la règle générale, mais il ne
l'exclut pas nécessairement et de droit, en ce sens que
la commune ne puisse être admise à y renoncer ou à le
modifier. (Voir ordonnance du 8 août 1834) ; en effet, un
état de choses contraire à la règle commune, qui n'est
toléré que par exception et à raison de l'inconvénient qu'il
y aurait de changer brusquement des habitudes anciennes,

doit toujours pouvoir être rapproché de la règle sur la demande des parties intéressées.

TITRE II.

Des Bois communaux et de l'affouage.

Parmi les biens communaux, il en est une espèce dont l'importance a obligé le législateur à lui appliquer des règles particulières ; ce sont les bois et forêts qu'il soumet au régime forestier. M. Henrion de Pansey donne de la façon suivante la raison de cette mesure : « Les terres dont les fruits se comptent annuellement conservent la même valeur qu'elles avaient auparavant, puisque l'année suivante donnera le même produit. Il n'en est pas de même des bois : comme ils ne tombent en coupe qu'à de longs intervalles, ce sont les fruits attachés au sol qui lui donnent toute sa valeur. »

On peut diviser tous les bois qui couvrent notre sol en deux catégories : ceux qui sont soumis au régime forestier et ceux qui n'y sont pas soumis. La première classe comprend : 1° les bois et forêts qui font partie du domaine de l'État ; 2° ceux qui font partie de la dotation de la couronne ; 3° ceux qui sont possédés à titre d'apanages et majorats reversibles à l'État ; 4° les bois et forêts des communes et des sections de communes, ainsi que des établissements publics, lorsqu'ils ont été reconnus susceptibles d'être soumis au régime forestier ; 5° les bois des particuliers qui sont dans l'indivision avec l'État, une commune ou un établissement public. — La deuxième

classe se compose de tous ceux qui ne sont pas compris
dans cette énumération.

De tout temps, les bois et forêts ont été soumis à une
administration particulière, et de nombreuses ordonnances
de nos rois ont réglé cette matière. La dernière est la
fameuse ordonnance de 1669 sur les eaux et forêts, qui
fut comme le prologue de notre code forestier. Les bois
soumis au régime forestier se distinguent des autres :
1° en ce qu'ils sont soumis à l'aménagement ; 2° en ce
qu'ils ne peuvent être grevés pour l'avenir de droits
d'usage ; 3° en ce que les ventes et les coupes sont soumises à des règles spéciales ; 4° en ce que, outre les
dispositions pénales qui s'appliquent aux bois des particuliers, ils sont encore défendus de plusieurs autres
manières. Ce sont les caractères les plus apparents qui
distinguent les bois soumis au régime forestier de ceux
qui ne le sont pas ; les uns et les autres peuvent d'ailleurs
être affranchis des droits d'usage existants par les voies
du cantonnement et du rachat, et soumis à l'obligation
du bornage. Toutefois, quand il s'agit des bois soumis au
régime forestier, les propriétaires limitrophes doivent
arrêter leur action, si l'administration déclare qu'elle fera
procéder à la délimitation générale de la forêt dans le
délai de six mois.

L'article 90 édicte que les bois seront soumis, lorsque
l'autorité administrative, sur la proposition de l'administration forestière et d'après l'avis des conseils municipaux, aura reconnu qu'ils sont susceptibles d'aménagement et d'une exploitation régulière.

C'est le chef de l'État qui fait cette désignation, et à

partir de ce moment, c'est l'administration forestière qui accomplit toutes les opérations de conservation et de régie, qui fait les ventes et poursuit les contraventions. Les conseils municipaux n'ordonnent plus; ils ne sont que consultés.

Le produit des bois communaux est vendu et le prix entre dans la caisse municipale ou il est partagé en nature entre les habitants. Le conseil municipal décide quel mode sera adopté, et il est libre de choisir l'un ou l'autre. En général, on suit le mode de l'affouage toutes les fois que, dans les communes, il existe assez de bois pour fournir une distribution suffisante.

L'affouage *(ad focum)* est le droit que les habitants d'une commune ont de prendre dans les forêts apparte- nant à leur commune du bois de chauffage et de construc- tion. Il faut bien distinguer l'affouage des droits d'affouage, qui comprennent les usages accordés aux communes sur des bois qui ne leur appartiennent pas.

Autrefois, chaque habitant de la commune avait le droit d'aller abattre lui-même et prendre les arbres qu'il jugeait nécessaires à ses besoins, à la condition, toutefois, de ne pas en abuser. Si même on remonte à une époque plus reculée, on voit que ce droit était exercé, non-seulement dans les forêts des communes, mais même dans celles des particuliers. (Loi des Bourgundes, dite loi Gombette). Le premier document législatif qui met un frein à ce pouvoir discrétionnaire, fut la fameuse ordonnance de 1669. Elle établit la nécessité de conserver une certaine partie de la forêt communale en réserve, mais elle ne réglemente nullement d'une manière spéciale l'affouage communal,

puisqu'elle s'en réfère *à la coutume*. Les modes de distribution varièrent à l'infini jusqu'à la Révolution française,
comme nous l'avons constaté plus haut.

On a beaucoup discuté sur la nature de l'affouage.
Proudhon a cru que c'était un droit d'usage, une servitude réelle, mais d'une nature particulière. Cette idée n'a
pas été admise pour plusieurs raisons : 1° le véritable
usager n'a pas le droit de se servir du bois qui lui est
délivré pour une autre destination que celle pour laquelle
le droit d'usage est établi, tandis que l'affouager peut
vendre, céder sa part ; 2° l'affouage n'est pas limité aux
besoins de l'usager ; 3° si c'était un droit d'usage, il ne
pourrait s'éteindre que conformément aux modes d'extinction de l'usage, et ici la règle est toute autre, il dépend
d'une délibération du conseil municipal de détruire la
jouissance des habitants, sans que ceux-ci puissent réclamer aucune indemnité. Sans discuter la théorie qui
voit dans le droit de chaque habitant le droit d'un associé
sur le patrimoine d'une société, il semble que les habitants n'ont aucun droit réel sur ces bois pas plus que sur
les autres bois de la commune ; que c'est toujours celle-
ci qui est propriétaire, puisqu'elle peut faire cesser d'un
instant à l'autre la concession.

Titre III.

Compétence en matière de jouissances communales.

Le conseil municipal dresse la liste des ayants-droit, et répartit les taxes d'affouage ; ses délibérations ont sur ces points le caractère réglementaire. La taxe est perçue suivant le mode ordinaire ; et les habitants ne peuvent réclamer leur portion affouagère qu'en justifiant du paiement de la taxe et du permis d'enlever. (Instruction ministérielle du 31 décembre 1836.)

Il peut se faire qu'il y ait des réclamations après que la liste affouagère a été faite : un habitant n'a pas été inscrit ; l'affouage n'a pas été réparti conformément aux usages ; quelle sera l'autorité compétente pour décider ?

1° *Voie gracieuse.* — Le conseil municipal est la première autorité chargée de vider les réclamations, mais il ne peut le faire que tant que les listes ne sont pas terminées. Une fois qu'elles sont affichées, il ne peut plus agir que sur un renvoi du préfet. Celui-ci a le droit d'annuler les délibérations prises, mais il ne pourrait pas faire ce que peut faire le conseil municipal, par exemple ajouter le nom d'un affouager : c'est là une question de capacité pour laquelle il n'est pas compétent ; il ne peut qu'ordonner ce qui se rattache à l'administration, régler la forme des rôles, décider pendant combien de temps les rôles seront affichés, etc... sur ces points, et sauf recours au Ministre de l'intérieur, il n'existe aucun moyen pour faire réformer sa décision.

2° *Voie contentieuse.* — C'est seulement par cette voie que l'on peut faire juger la question de capacité. Mais est-ce le conseil de préfecture qui sera compétent, ou bien le pouvoir judiciaire ? La jurisprudence a varié à cet égard : jusqu'en 1847, date du dernier arrêt en ce sens, le conseil d'Etat avait pensé que les questions concernant l'aptitude personnelle nécessaire pour participer à l'affouage étaient de la compétence des conseils de préfecture. On disait que la réclamation qui se produit a pour effet de faire rejeter une délibération du conseil municipal, qui est un acte administratif, et qu'il y a là par conséquent une question qui dépend du contentieux administratif. C'était déjà ce que décidaient les articles 1 et 2, section V de la loi du 10 juin 1793, aux termes desquels, ce genre de contestation était soumis aux directoires de départements, et ceux-ci ont été remplacés par les conseils de préfecture pour le contentieux administratif. On ajoutait que l'intérêt des communes exigeait la compétence des conseils de préfecture, parce que ces demandes qui pouvaient être fréquentes, pourraient occasionner, si elles étaient portées devant les tribunaux, des frais et des retards nuisibles à l'intérêt des communes et des habitants.

En 1850, le tribunal des conflits, par les arrêts des 10 avril et 12 juin, décida que ces questions étaient de la compétence des tribunaux ordinaires. Dans les motifs de l'arrêt, il est constaté que l'article 2 de la loi de 1793 ne déféra à l'autorité administrative que la connaissance des contestations qui peuvent s'élever sur le mode de partage des biens communaux ; par ces expressions, le *mode de partage* le législateur n'a pas entendu sou- mettre à l'appréciation de l'autorité administrative les questions d'aptitude personnelle, desquelles dérive le droit individuel à l'affouage ; que la loi du 18 juillet 1837, en chargeant les conseils municipaux de régler les affouages par leurs délibérations, n'a pas dérogé aux règles établies par la législation antérieure, et au droit commun sur la compétence des tribunaux. Le conseil d'Etat s'est soumis à cette jurisprudence, qui ne semble pas devoir varier.

TITRE IV.

L'amodiation et l'allotissement.

La propriété communale forme en France la onzième partie du territoire ; elle a une superficie d'environ quatre millions sept cent mille hectares d'étendue. Là-dessus, il y a un million six cent quatre-vingt-dix mille qui sont plantés en bois et deux cent trente mille qui sont à l'état de terres labourables ; leur valeur est de un milliard et demi et leur revenu de trente à quarante millions. Le reste, c'est-à-dire les deux tiers des pro- priétés communales, près de trois millions d'hectares, se compose de marais et de terres vaines et vagues, et ne vaut guère que trois cents millions. Quant au revenu de ces terres incultes, on peut l'estimer au maximum à deux francs ou deux francs cinquante centimes l'hectare. Il y a là une source de richesse considérable, dont l'esprit de routine qui règne souvent dans nos campagnes empêche de tirer profit.

Toutefois, depuis quelques années, on a commencé

d'une façon sérieuse la mise en culture des biens communaux ; et on a employé en particulier deux moyens :
l'amodiation et l'allotissement.

L'amodiation n'est autre chose que la mise en ferme
des biens communaux ; le conseil municipal prend à ce
sujet une délibération, qui est portée par la voie des
annonces à la connaissance des habitants, puis transmise
au préfet avec le cahier des charges. Le préfet a trente
jours pour annuler ou suspendre cette délibération ; à
l'expiration de ce délai, l'amodiation se fait à la chaleur
des enchères ; une fois l'adjudication faite, le maire, aux
termes de l'article 10 de la loi du 18 juillet 1837, est
chargé de passer un bail avec l'adjudicataire.

Ce procédé a pour but de remplacer l'indifférence de
tous par l'intérêt particulier, et pour résultat de donner
satisfaction : 1° à l'intérêt de l'Etat, puisqu'en dévelop-
pant la production générale et en augmentant la valeur
des propriétés, il augmente et développe en même temps la
matière imposable ; 2° à l'intérêt de la commune, puisqu'il lui procure des ressources sans l'obliger à recourir
aux emprunts ou à la vente de ses propriétés.

L'intérêt des habitants semble plutôt être négligé, mais
il faut remarquer ceci : 1° si les habitants ne perçoivent
plus les revenus de ces biens, ils n'ont pas à supporter
les dépenses qui sont comblées au moyen du prix de
ferme ; 2° si, plus tard, la commune ne renouvelle pas
ses baux, les habitants, au lieu d'avoir des landes incultes
auront des propriétés en plein rapport.

L'allotissement est, comme l'amodiation, la mise en
ferme des biens communaux ; seulement le prix d'adjudi-

cation, au lieu d'être fixé par les enchères, est déterminé
par le conseil municipal, et les adjudicataires sont tous
les habitants ayant un droit de jouissance.

L'allotissement tient du partage et du louage : ce n'est
le plus souvent qu'une transaction imaginée par des conseils municipaux, entre l'esprit de progrès économique
et les habitudes routinières des gens de la campagne. Ce
mode de partager la jouissance des biens communaux est
surtout en usage dans le centre de la France, Puy-de-
Dôme, Allier, Creuse, Indre, et aussi dans l'est, Meurthe,
Moselle, Haut et Bas-Rhin. Il est vu avec une certaine
défaveur par le conseil d'État et par l'administration
supérieure pour deux motifs : 1° le chef de famille pourvu
d'un lot par la voie de l'allotissement est le plus souvent
dénué de capitaux et d'aptitude agricole ; 2° la redevance
fixée étant ordinairement très faible, la commune n'y
trouve qu'une ressource insuffisante pour faire face à ses
dépenses, tandis qu'elle aurait pu tirer un produit plus
élevé par l'amodiation. Pour ces raisons, le conseil d'État.
s'oppose au partage de la jouissance à vie ou pour un
temps indéfini« parceque cette manière de disposer des
biens communaux n'est pas comprise dans les énoncia-
tions des lois sur la matière. »

Pour allotir, il faut accomplir les formalités suivantes :

1° Faire la liste de ceux qui auront droit à un lot ; le
maire dresse cette liste et le conseil municipal l'arrête.
Tous ceux qui ont un domicile réel et fixe d'un an dans
la commune doivent y être inscrits ;

2° Les terrains qui sont à partager doivent être divisés

en autant de lots qu'il y a d'ayants-droit, et le conseil municipal fait ses observations sur cette opération ;

3° Le tirage des lots au sort à lieu ;

4° Le conseil municipal prend une délibération à l'effet d'approuver tout ce qui a été fait ;

5° Enfin cette délibération doit être livrée à la publicité par la voie des annonces, puis transmise au préfet qui l'approuve et la rend exécutoire.

Titre V.

Loi du 28 juillet 1860 sur la mise en valeur des marais et terres incultes.

Le gouvernement de juillet s'était vivement préoccupé de la stérilité d'une grande partie des biens communaux. Sans doute, on ne pouvait plus dire, comme le faisaient le comte d'Essuilles et Lapoix de Fréminville avant 1789, que les terres vaines ou vagues appartenant aux communes excédaient le dixième des fonds propres à la culture, mais le mal était encore très grand et appelait un remède.

Dès 1836, le gouvernement avait consulté les conseils généraux sur les modifications qu'il convenait d'apporter à la législation qui régissait les biens communaux ; il avait de nouveau, en 1844 et 1846 appelé leur attention et demandé leur avis sur la question.

Le plus grand nombre de ces conseils pensa que le meilleur moyen d'utiliser les biens communaux était de les amodier aux enchères, et qu'il était bon, pour vaincre l'inertie des conseils municipaux, de donner au gouvernement le pouvoir d'ordonner d'office l'amodiation quand il le jugerait utile ; 53 conseils généraux se prononçaient dans ce sens ; 12 seulement demandaient le partage soit à titre gratuit, soit à titre onéreux.

Le gouvernement présenta le 16 février 1848 à la Chambre des députés un projet de loi qui autorisait l'administration supérieure à ordonner d'office l'amodiation des biens communaux, quand les conseils municipaux, mis en demeure d'en tirer parti, s'y seraient refusés. La révolution qui éclata quelques jours après remit ce projet dans les cartons.

A la Constituante, M. de Champvans demandait le rétablissement de la faculté du partage gratuit, telle qu'elle était donnée par la loi du 10 juin 1793. M. Huot voulait faire affermer aux enchères un cinquième des biens communaux susceptibles d'être cultivés, et faire opérer pour le surplus un partage de jouissance périodiquement renouvelable entre les chefs de famille domiciliés dans la commune. Le comité d'administration départementale et communale repoussait d'une manière absolue l'idée du partage des biens communaux, comme violant le droit de la commune, être moral, et des générations à venir. Il écartait même la pensée d'aliéner les biens communaux tant qu'ils n'auraient pas été mis en valeur, à moins d'une nécessité impérieuse résultant de circonstances spéciales. Il proposait de mettre les conseils municipaux en demeure de cultiver, planter en bois ou amodier les biens communaux, et en cas de refus de leur part, de donner aux préfets le pouvoir de les y contraindre après avoir pris l'avis du conseil général. Afin de ménager les intérêts des habitants, en cas d'amodiation, la mise en ferme devait avoir

8

lieu pour la première fois, non pas aux enchères, mais par voie d'allotissement entre tous les chefs de famille.

Devant l'Assemblée législative, MM. Fayolle, Guisard et Moreau proposèrent d'autoriser les communes à choisir entre le partage et l'amodiation des terres incultes. D'après eux, le partage ne pourrait être décidé que par la majorité du conseil municipal et devrait avoir lieu par feux ; les co-partageants seraient assujettis au paiement d'une redevance pendant vingt ans. Un autre projet présenté par M. Dufournel concluait à l'amodiation forcée du cinquième des terres incultes ; la commission substitua un projet plus large qui comprenait tous les moyens d'utiliser les biens communaux, sauf le partage, et donnait au conseil général le pouvoir que les précédents projets donnaient au gouvernement ou au préfet, de contraindre les communes à supprimer la jouissance en nature quand elle n'était pas utile. Ces projets eurent un commencement de discussion, mais l'Assemblée les renvoya à la commission et fut dissoute avant d'avoir pu les discuter à nouveau.

La question en était là lorsque le gouvernement impérial hasarda un premier essai dans les départements des Landes et de la Gironde. La loi du 19 juin 1857 décida : 1° que les terrains communaux de ces deux départements seraient assainis, drainés et ensemencés aux frais des communes ; 2° que, dans le cas où les communes ne voudraient pas où ne pourraient pas entreprendre elles-mêmes cette mise en culture, l'État aurait le droit de la faire opérer, sauf à se faire rembourser plus tard sur le produit des biens exploités.

Le succès de cette loi, le zèle des conseils municipaux

qui prêtèrent un concours empressé à l'administration, conduisirent à généraliser la mesure ; le gouvernement proposa et fit voter, dans la session de 1860 une loi qui étendit à toute la France les mesures prises spécialement pour les deux départements de la Gironde et des Landes, et qui a reçu un commencement d'exécution dans plusieurs contrées. Voici le texte de cette loi qui n'est relative qu'aux marais et aux terres incultes :

Art. 1er. — Seront desséchés, assainis, rendus propres à la culture ou plantés en bois les marais et les terres incultes appartenant aux communes ou sections de commune, dont la mise en valeur aura été reconnue utile.

Art. 2. — Lorsque le préfet estime qu'il y a lieu d'appliquer aux marais ou terres incultes d'une commune les dispositions de l'article 1er, il invite le conseil municipal à délibérer :

1° Sur la partie des biens à laisser à l'état de jouissance commune ;

2° Sur le mode de mise en valeur du surplus ;

3° Sur la question de savoir si la commune entend pourvoir par elle-même à cette mise en valeur.

S'il s'agit de biens appartenant à une section de commune, une commission syndicale, nommée conformément à l'article 3 de la loi du 18 juillet 1837, est préalablement consultée.

Art. 3. — En cas de refus ou d'abstention par le conseil municipal, comme en cas d'inexécution de la délibération par lui prise, un décret impérial rendu au conseil d'État, après avis du conseil général, déclare l'utilité des travaux et en règle le mode d'exécution. Ce décret est précédé d'une enquête et d'une délibération du conseil municipal prise avec l'adjonction des plus imposés.

Art. 4. — Les travaux sont exécutés aux frais de la commune ou des sections propriétaires.

Si les sommes nécessaires à ces dépenses ne sont pas fournies par les communes, elles sont avancées par l'Etat, qui se rembourse de ses avances, en principal et intérêts, au moyen d'une vente publique d'une partie des terrains améliorés, opérée par lots, s'il y a lieu.

Art. 5. — Les communes peuvent s'exonérer de toute répétition de la part de l'Etat, en faisant l'abandon de la moitié des terrains mis en valeur.

Cet abandon est fait sous peine de déchéance, dans l'année qui suit l'achèvement des travaux.

Dans le cas d'abandon, l'Etat vend les terrains à lui délaissés dans la forme déterminée par l'article précédent.

Art. 6. — ......

Art. 7. — Dans les cas prévus par l'article 3 ci-dessus, le décret peut ordonner que les marais ou autres terrains communaux soient affermés.

La durée du bail ne peut excéder 27 ans.

Art. 8. — La loi du 10 juin 1854 relative au libre écoulement des eaux provenant du drainage, est applicable aux travaux qui seront exécutés en vertu de la présente loi. »

Il importe de remarquer, pour faire bien saisir la portée de la loi, qu'elle n'a pas entendu supprimer d'une manière absolue la jouissance en commun. Loin de prendre une mesure aussi radicale, elle appelle expressément, dans l'article 2, le conseil municipal à délibérer sur la partie des biens à laisser à l'état de jouissance commune, et dans un rapport fait au nom de le commission du Corps législatif chargée d'examiner le projet de loi, M. du Miral exposait dans les termes suivants l'esprit de cette disposition : « Il existe dans la condition des terrains communaux, non-seulement dans nos diverses provinces, mais même dans chaque commune des différences infinies ; on ne saurait les soumettre à un mode uniforme de transformation. La suppression des pâturages sera loin d'être constamment possible ; il est des contrées où elle serait désastreuse, d'autres où elle est impraticable ; elle ne sera pas d'ailleurs toujours nécessaire pour réaliser des améliorations sensibles ; il est des cas nombreux dans lesquels leur conservation s'y prêtera. Ce régime est, en effet, susceptible, dans beaucoup de lieux, d'innovations avantageuses : l'institution des pâtres communs, la limitation des têtes de bétail, l'établissement des taxes de pâturage. On pourra souvent, à l'aide de ces taxes, mettre et entretenir à peu de frais en bon état ces pâturages et y assurer le libre écoulement et la bonne distribution des eaux.

« Ainsi réglée, la pâture commune, là où le sol n'est pas susceptible d'être livré à une culture profitable, n'aura que des avantages. »

D'autre part, il faut dire que le pouvoir de coërcition donné au gouvernement par l'article 7, pour amener l'amodiation des terrains communaux, ne s'applique qu'au cas où il aurait été fait, en exécution de la loi, des travaux d'assainissement ou de desséchement ; pour les terrains qui peuvent être cultivés sans qu'on ait besoin d'opérer préalablement des travaux de cette nature, la

législation ancienne, qui réserve l'initiative de l'amodiation au conseil municipal, n'a pas été modifiée.

On voit, par ce qui précède, combien les conseils généraux et les assemblées législatives ont été généralement
rebelles à l'idée du partage gratuit ou à titre onéreux des
biens communaux ; c'est qu'il faut tenir compte de l'intérêt
des communes, des habitants, des générations à venir, des
besoins et des diversités multiples qu'on rencontre dans
chaque département. Cette solution du partage rencontre
de graves objections, et celle qui nous frappe le plus est
celle-ci : il est à craindre toujours que les riches profitent
seuls du partage ; les pauvres à qui un lot serait attribué,
n'ayant pas à leur disposition le capital nécessaire pour
l'exploitation, le vendraient à vil prix à celui qui leur
offrirait de l'acquérir, et dissiperaient rapidement le
prix de vente ; si au contraire ils gardaient leur lot,
la transformation s'opèrerait très lentement, parcequ'ils
ne seraient pas en état de faire les avances nécessaires
pour exécuter les travaux de défrichement.

Il faut, ce semble partir de cette idée qu'il s'agit d'une
mesure spéciale à une partie de la France et qui répon-
drait à une constitution particulière des communes et des
biens communaux, à des habitudes agricoles particulières
commandées par la nature du terrain.

Dans les cas où le partage aurait été reconnu nécessaire,
il serait juste, ce semble, de régler les bases, comme le
proposait le conseil général de la Creuse en 1853, et la
Commission du Corps législatif en 1860 ; en raison tant
de la contribution foncière des ayants-droit que du nombre des membres de leurs familles, domiciliés avec eux dans

la commune ou dans la section. En effet, comme le disait M. du Miral « le partage par feux ne tient compte ni de la différence des droits, ni de celle des besoins ; il suppose les uns et les autres égaux, contrairement à la vérité la plus palpable; il accorde une même surface au feu qui ne renferme qu'un individu seul et à la famille de dix personnes ; à l'exploitation qui compte deux têtes de bétail et à celle qui en nourrit cent; c'est l'uniformité la plus aveugle, la moins équitable. Elle se comprend en matière de produits forestiers, parce qu'en fait de combustible, les besoins des différents feux ne sont pas sensiblement inégaux; elle ne se comprend plus quand il s'agit de pâtures, qui étaient inégalement jouies dans la proportion très variable des têtes de bétail attachées aux exploitations. Ce système ne serait tolérable que pour les contrées non pastorales, dans lesquelles il a été pratiqué, de 1762 à 1789 ; il blesserait ailleurs fréquemment les droits acquis, et causerait, à un moindre degré, la perturbation agricole justement reprochée à la loi de 1793. Quant au partage au marc le franc de la propriété foncière (conforme aux principes du droit romain et des anciennes coutumes, il a le tort, non de méconnaître les droits, mais d'en dépasser la juste mesure en convertissant en pleine propriété pour le tout une simple jouissance de valeur fort inférieure, et de ne pas permettre l'amélioration de la condition des habitants les moins riches, conseillée par l'humanité et l'intérêt politique, précisément parcequ'il apporte à la condition de ceux qui le sont le plus une amélioration exagérée.

Le système de la commission aurait le mérite, tout en

donnant à la jouissance actuelle une satisfaction complète par l'attribution en pleine propriété de la moitié des biens, de satisfaire par la distribution de l'autre moitié, les besoins des familles nombreuses, et d'augmenter ainsi, par la création de nouveaux propriétaires, les éléments de prospérité sociale. »

SECTION III

DES DROITS INCORPORELS COMMUNAUX.

———

Il faut bien distinguer les communaux d'avec les usages; sur les premiers, la commune a la pleine propriété; sur les seconds, elle n'a que des droits d'usage à l'égard de biens dont elle n'est pas propriétaire. Ces droits (servitudes, usages) reposent sur la commune, mais les avantages en sont retirés par les habitants. (Article 542 du code civil).

Droits d'usages dont les communes jouissent dans les bois de l'Etat, des communes et des particuliers. — Il y a de nombreuses variétés de ces droits. On peut les distinguer en usages qui ne s'exercent que sur les produits acces-soires des forêts, tels sont les droits de pâturage ou panage, de pacage ou faînée, de glandée; et en usages qui s'exercent sur le bois même qui est délivré en nature, soit pour le chauffage, soit pour la construction; ce sont là les droits d'affouage.

Nous avons vu qu'autrefois il existait une grande tolé-rance pour la concession de ces usages; mais avec le temps, on se montra plus rigoureux. On comprit qu'ils étaient une cause de destruction permanente pour les forêts, et le législateur s'est efforcé sans cesse de les détruire; l'ordonnance de 1669 portait titre 20, article 1er:

« Révoquons et supprimons tous et chacun des droits
de chauffage dont nos forêts sont à présent chargées, de
quelque nature et condition qu'ils soient. » Toutefois, les
droits d'usage n'en subsistèrent pas moins et le code
forestier eut à les régir. Il commença par prohiber, pour
l'avenir, la création de nouveaux droits d'usage dans les
bois des domaines de la Couronne, dans ceux possédés
à titre d'apanage ou de majorat réversibles à l'Etat, et
aussi dans ceux des établissements publics et des communes. (Articles 62, 88, 89, 112). Quant aux droits
acquis, le législateur les a maintenus avec quelques restrictions « ne seront admis à exercer un droit d'usage
quelconque dans les bois de l'Etat, que ceux dont les
droits auront été, au jour de la promulgation de la présente loi, reconnus fondés, soit par des actes du gouvernement, soit par des jugements ou arrêts définitifs, ou
seront reconnus tels par suite d'instances administratives
ou judiciaires actuellement engagées ou qui seraient
intentées devant les tribunaux dans le délai de deux ans
à dater du jour de la promulgation de la présente loi par
des usagers actuellement en jouissance. » Ainsi, l'article
61 a divisé les usagers en trois classes : 1° ceux dont
les droits avaient été, au jour de la loi, reconnus fondés
par des arrêts ou jugements définitifs ; 2° ceux dont les
droits devaient être reconnus par des instances qui, lors
de la loi, étaient engagées ; 3° ceux dont les droits devaient
être reconnus dans le délai de deux ans. L'autorité compétente pour reconnaître ces servitudes est le pouvoir
judiciaire, qui a seul qualité pour statuer sur les questions
de propriété.

Exercice des droits d'affouage. — L'article 79 pose comme règle que les usagers ne peuvent pas prendre eux-mêmes les bois qui leur sont dus, mais qu'ils doivent attendre la délivrance qui leur est faite par les agents forestiers, quand il s'agit de forêts domaniales, et par les particuliers quand il s'agit des autres. Quant au bois de chauffage, la délivrance en est faite au maire de la commune, et celui-ci fait effectuer le partage entre les habitants. Au cas où les bois se délivrent par stères, ils sont mis en charges sur les coupes adjugées, et fournis aux ayants-droit par les adjudicataires, aux époques fixées par le cahier des charges ; au cas où ils sont délivrés par coupes, l'exploitation est faite aux frais des usagers par un entrepreneur : on ne permet jamais aux usagers de couper eux-mêmes; car on coupe mal, quand on coupe pour soi.

Les bois de construction et de réparation ne sont délivrés que sur la présentation des devis dressés constatant les besoins de l'usager ; quand c'est la commune qui est usagère, le maire présente le devis, après avoir constaté les besoins avec une commission du conseil municipal. Ce devis est présenté chaque année à l'agent forestier qui fait les vérifications qu'il juge convenables, et qui transmet l'état des demandes au directeur général pour être approuvé par lui. L'exploitation a lieu aux dépens des usagers. Toutefois, en cas d'urgence (décision ministérielle du 11 décembre 1819), le préfet, de l'avis du conservateur, peut ordonner la délivrance. En tout cas, l'emploi doit être fait dans le délai de deux ans; sinon l'administration peut disposer des arbres, qui ne sauraient être détournés de leur affectation, ni, par conséquent, vendus ou échangés.

Usages destinés à la nourriture des bestiaux. — Les principaux de ces droits sont désignés sous le nom de pâturage ou pacage, droit de faire paître le bétail, de panage ou faînée; de glandée, droit de conduire les porcs dans les forêts pour y manger le gland ou la faîne. Le droit de pacage ne sert qu'à faire pâturer les grosses bêtes aumailles et chevalines; on n'y admet jamais les moutons, chèvres, etc.., et, dans le cas où un titre donnerait le droit de les faire paître, les propriétaires des bois ne doivent qu'une indemnité. De nombreuses dispositions du code forestier ont réglé l'exercice de ces servitudes, il suffit de les lire pour s'en rendre compte; quelques points méritent seuls notre attention. Le législateur, dont le but a été de protéger les forêts contre ces *servitudes dévorantes*, a voulu qu'elles ne pussent s'exercer que sur les bois déclarés défensables, c'est-à-dire devenus assez forts pour pouvoir se défendre contre la dent des animaux; cette époque varie suivant les terrains et la nature des bois. Il appartient à l'administration forestière de faire cette déclaration, sauf recours au conseil de préfecture. (Aricle 67).

Suivant l'ordonnance de 1669, il n'y avait aucun recours contre la décision de l'administration qui était juge et partie; aujourd'hui, le recours au conseil d'État contre les décisions du conseil de préfecture est de droit. C'est aussi l'administration qui, après la remise d'une liste faite par le maire de tous les bestiaux des usagers, fixe le nombre des têtes que chacun pourra envoyer dans les forêts, et c'est

également elle qui désigne les chemins que les bestiaux de-
vront suivre ; mais il peut y avoir contestation, et alors
quel sera le tribunal compétent ? Pour fixer le nombre de
bestiaux, on admet généralement que la décision doit être
attribuée aux tribunaux ordinaires ; en effet, il y a là une
question de droits et de titres qui se rattache à la propriété. Pour la détermination des chemins à suivre, la
solution est plus délicate ; le recours au conseil de préfecture avait été proposé dans un amendement ; mais M. de
Martignac fit remarquer qu'il s'agissait là d'une question
d'administration intérieure, et qu'il n'y avait lieu à aucun
recours. Ainsi le conseil de préfecture est écarté, et des
auteurs se sont fondés sur une phrase du directeur général des forêts, prononcée à la Chambre des pairs, pour
enseigner le recours aux tribunaux civils. L'opinion du
directeur général lui était toute personnelle, ce n'est ici
en définitive qu'une question *accessoire de la défensabilité ;*
si donc la compétence du conseil de préfecture a été
écartée, l'usager devra porter son recours devant le Ministre des finances, supérieur hiérarchique de l'administration forestière ; si celui-ci ne fait pas droit à sa demande,
il devra attaquer sa décision devant le conseil d'État. En
définitive, dit Serrigny les usagers jouiront, de la même
garantie que s'ils avaient eu un recours direct devant le
conseil de préfecture.

Il appartient à l'administration forestière de régler les
droits d'usage suivant l'état et la possibilité des forêts,
sauf recours au conseil d'État. Les observations qu'on
a présentées plus haut sur la défensabilité s'appliquent
également ici.

Il reste à voir par quels moyens il est permis d'affranchir les forêts des droits d'usage; ces moyens sont au nombre de deux : le cantonnement et le rachat.

1° *Cantonnement.* Art. 63. Le cantonnement a pour effet de convertir le droit de l'usage en un droit de propriété, sur une certaine étendue des fonds qui étaient affectés à son usage; il y a là une servitude réelle dont seul le propriétaire peut affranchir sa forêt. Le cantonnement a lieu de gré à gré, et en cas de contestation, les tribunaux jugent arbitrairement ce qui doit être attribué à l'usager. La marche à suivre dans cette opération est réglée par le décret du 12 avril 1854; un autre décret du 19 mai 1857 s'occupe surtout des questions d'évaluation.

2° *Rachat.* Les propriétaires peuvent s'affranchir des droits d'usage destinés aux bestiaux moyennant une indemnité qui est réglée de gré à gré ou en cas de contestation par les tribunaux. Le code a cependant consacré une exception à ce droit ; comme l'a remarqué le rapporteur de la loi à la Chambre des députés, il y a des localités où le pâturage est indispensable; aussi l'article 64 ordonne que le rachat ne sera pas requis dans les lieux où l'exercice du droit de pâturage est devenu d'une absolue nécessité. Si cette nécessité est contestée, les parties se pourvoiront devant le conseil de préfecture, qui, après une enquête de *commodo et incommodo*, statue, sauf le recours au conseil d'Etat. Cette compétence a été très discutée; mais on a pensé qu'il fallait l'admettre parce que les conseils de préfecture sont plus à même de prendre des renseignements utiles. Dans tous les cas, il faut poser en principe que l'exception ne s'applique qu'au droit de pâturage et non aux droits de panage et de glandée qui demeurent toujours rachetables. La controverse tient à ce que l'article 121 du code forestier porte : « en cas de contestation entre le propriétaire et l'usager, il sera statué par les tribunaux. » Malgré cette disposition, il faut s'arrêter à l'opinion contraire ; en effet, l'article 120 édicte la compétence administrative, renvoie à l'article 64 tout entier ; et ce même article qui se réfère à une partie de l'article 66 prend bien soin de dire quel paragraphe il veut étendre aux bois des particuliers ; aussi le renvoi a dû être fait d'une manière réfléchie. D'autre part, si nous considérons la nature de ces droits, nous voyons qu'il s'agit là d'une question d'utilité générale qui doit ressortir des tribunaux administratifs. Quant à l'article 121, on peut y voir une disposition générale qui doit s'appliquer toutes les fois qu'il n'y a pas de disposition spéciale. Depuis 1840, le conseil d'Etat est revenu à cette doctrine (arrêt du 4 juillet 1862). La Cour de cassation a la même jurisprudence, 9 mars 1854).

Droit de parcours. — Ce qui distingue le *parcours,* disait M. Gillou à la Chambre des députés en 1836, c'est la réunion des trois circonstances suivantes : 1° il appartient toujours à une *commune* et non à des particuliers ; 2° toujours il s'exerce sur le territoire d'une commune autre que celle qui en jouit ; 3° toujours il contient une obligation réciproque (sic décret du 6 octobre 1791, avis du conseil d'Etat du 22 décembre 1803), la commune qui en jouit est soumise au devoir de souffrir que, sur son territoire, l'autre ait pareil avantage. Si l'un de ces trois caractères manque, il n'y a plus parcours, il y a vaine pâture.

Le droit de vaine pâture, n'est maintenu que là où il existait en vertu d'un *usage local immémorial*, et l'exercice du droit de parcours n'est *provisoirement* permis qu'autant qu'il est fondé sur une *possession autorisée* par les lois et coutumes.

Aux termes de l'ordonnance royale du 22 juillet 1818, lorsque des communes limitrophes jouissent réciproquement sur leurs territoires respectifs, de droits de parcours fondés en titres, les contestations que peut occasionner une atteinte quelconque à l'exercice de ces droits sont du ressort des tribunaux ; mais s'il s'agit d'apporter au mode de jouissance quelque changement réclamé par de nouvelles circonstances, c'est à l'autorité administrative qu'il appartient de statuer, comme étant chargée de tout ce qui concerne les intérêts communaux.

Le décret de 1791 donne le nom de servitude au parcours ; c'est là, ce semble, une mauvaise désignation, il vaut mieux le considérer comme un droit de communauté. Quand on parle de servitude, on entend qu'il y a un fonds servant et un fonds dominant, et que l'un doit quelque chose à l'autre ; ici, on ne trouve pas ce caractère : aucun fonds n'est chargé plus que l'autre, puisque chaque héritage est tour à tour ou en même temps héritage dominant et héritage servant ; du reste, le décret de 1791 ne donne pas le nom de servitude à la vaine pâture qu'il se contente d'appeler un droit ; or ces deux droits ont bien le même caractère. Il faut bien distinguer les droits de parcours et de vaine pâture des droits de pâturage qui consistent dans la faculté d'envoyer ses troupeaux sur les terrains d'autrui, mais qui n'ont ni le caractère de réciprocité, ni celui de communauté, et qui, par conséquent, sont de véritables servitudes.

Il est souvent impossible de rapporter le titre primordial constitutif du droit; aussi a-t-on décidé qu'un jugement ancien, rendu contradictoirement entre deux communes et qui maintient l'une d'elles dans la possession et jouissance d'envoyer paître ses troupeaux sur les terres de l'autre doit être interprété comme constituant un titre (cassation 18 juin 1848). D'après les principes de notre code, il faudrait décider aujourd'hui que le droit de parcours ne peut s'établir que par titre; on le regarde comme un droit de simple tolérance, qui ne pourrait pas donner lieu à prescription.

Les articles 9 et 10 du décret de 1791 indiquent les terrains qui sont soustraits au droit de parcours et de vaine pâture; ce sont les prairies artificielles et les terres ensemencées ou couvertes d'une production quelconque. Après que la récolte a été enlevée, celles-ci sont regardées comme en état de vaine pâture, ainsi que les prairies naturelles après que les premières et les secondes herbes ont été coupées. Un décret du 23 thermidor an IV défend pourtant la vaine pâture pendant les deux jours qui suivent l'enlèvement de la récolte, afin de permettre aux pauvres de pouvoir glaner et rateler, dans les pays où le glanage et le ratelage sont permis.

Les conseils municipaux sont chargés de régler le parcours; ils déterminent le nombre de têtes de bétail que chacun pourra envoyer, l'époque à laquelle on exercera ce droit; mais leurs délibérations doivent être approuvées par le préfet (articles 19 et 20 de la loi 1837). Une fois que cette délibération est publiée, elle est exécutoire et ceux qui y contreviendraient seraient passibles de l'application de l'article 471 du code pénal. Si donc un propriétaire envoyait son troupeau sur des terres qui lui appartiennent, mais qui sont soumises au droit de parcours et de vaine pâture avant l'époque déterminée par le règlement, il serait passible d'une amende : on ne peut pas permettre que celui dont les terrains sont soumis à la pâture de tous, les épuise d'abord par un pâturage particulier (cassation, 8 janvier 1857).

Dans notre ancien droit, certaines coutumes défendaient aux propriétaires de clore les terrains qui étaient soumis aux droits de parcours et vaine pâture ; aujourd'hui il n'en est plus ainsi, et l'article 647 du code civil, reconnaît à tout propriétaire, ainsi que l'avait fait l'article 5 du décret de 1791, le droit de clore son héritage (sauf le droit d'enclave), et de le soustraire à ces obligations. Les articles 6, 7 et 8 du décret indiquent quelles clôtures que l'on peut considérer comme suffisantes ; ce sont les murs de quatre pieds de hauteur, des haies vives, etc...., mais si la clôture disparaît, le terrain redevient susceptible du droit de parcours qui n'a pas été perdu, mais seulement suspendu ; tout le temps qu'un héritage sera clos, dit l'article 5, il ne pourra être assujetti. » D'après l'article 13 de la loi de 1791, la quantité de bétail que chacun peut envoyer est réglée proportionnellement à l'étendue du terrain, à tant de bêtes par arpents, et il n'est fait exception à cette règle qu'en faveur de ceux

qui n'ont rien, et qui peuvent cependant envoyer au parcours six bêtes à laine avec une vache et son veau. Il
résulte de cette règle que lorsqu'un propriétaire se clôt,
il doit perdre son droit en proportion du terrain qu'il y
soustrait (article 648, code civil. La clôture nous paraît
pouvoir être exercée en tout temps, sans distinguer si le
droit était fondé sur un titre ou sur la coutume et l'usage
local immémorial. Cependant certains auteurs refusent la
faculté de se clore quand le droit est fondé sur un titre ;
ils disent que cela résulte des articles 7 et 11 du décret
de 1791 ; et, ajoutent-ils, il serait bien étrange que celui
qui a consenti sur un fonds une servitude, pût l'anéantir
(articles 701, 1134) ; et on ne peut pas supposer que le
législateur ait voulu détruire les engagements contractés.
Il nous semble au contraire que la faculté de se clore est
de droit absolu. On peut répondre aux articles invoqués
du décret de 1791, que ces articles ne s'appliquent qu'au
cas où le droit de vaine pâture réciproque ou non, existe
entre particuliers, et même il résulte, par *a contrario*,
qu'il doit en être autrement, quand il s'agit du droit de
vaine pâture sur le territoire entier d'une commune,
car il présente alors de bien plus graves inconvénients.
De plus, l'article 5 est formel « le droit de parcours ne
pourra, *en aucun cas*, empêcher les propriétaires de se
clore » et si le législateur a délié les parties de leurs
obligations, il lui a paru que, lors de la concession, les
parties avaient entendu tacitement que ce droit ne nuirait
pas notablement à leur propriété ; en effet, le mot de vaine
pâture est synonyme de pâture de peu d'importance.
Ajoutons que ces droits ont présenté peu d'inconvénients

dans les temps où ils ont été établis ; mais à mesure que les terres prennent de la valeur, ils deviennent des espèces de servitudes très onéreuses, dont l'abolition est réclamée depuis longtemps avec raison.

SECTION IV

DU PARTAGE DES BIENS COMMUNAUX.

—

Nous avons reconnu implicitement plus haut que le partage des biens communaux n'est pas légalement possible, car la commune est seule propriétaire, et les habitants ne peuvent pas demander à partager des biens sur lesquels ils n'ont aucun droit d'indivision. Il va sans dire que, dans notre ancien droit, il était prohibé, comme conséquence de l'inaliénabilité. Toutefois, sous l'influence des idées de l'école des physiocrates, qui avaient pour maxime que toute richesse vient du sol, plusieurs édits ordonnèrent le partages des communaux; un édit de juin 1862 permet aux communes des Trois-Evêchés le partage par égale portion entre les ménages alors existants; et l'article 3 stipule que les parts seront indivisibles et inaliénables; d'autres édits du conseil donnent la même autorisation à diverses provinces, les uns ne permettant cette opération qu'à la charge de redevance à la commune, les autres n'exigeant même pas cette redevance (Flandre française, 27 mars 1777; Alsace, avril 1774; Maconnais, Auxerrois, Gex et Bugey, janvier 1774; Artois, 13 novembre 1789.

L'Assemblée législative, par son décret du 14 août 1792, ordonna le partage gratuit obligatoire entre les habitants de chaque commune de tous les terrains communaux autres que les bois; puis le 10 juin 1793, un décret de la Convention vint régler l'exécution de ce partage. Ce décret est très étendu; ses dispositions spéciales sont les suivantes (section 1): la co-propriété indivise des communaux appartient aux habitants; ceux-ci seront partagés s'ils sont susceptibles de l'être, et si les communes justifient qu'elles ont pourvu à l'acquittement de leurs dettes; les exceptions sont pour les bois et les terrains renfermant des mines ou carrières; le partage sera fait par tête d'habitant de tout âge, de tout sexe, absent au présent; on défend à chacun, pendant dix ans, l'aliénation de sa part qui devient insaisissable, si ce n'est pour le paiement des contributions publiques (section II); le partage est facultatif, gratuit, et n'est valable que s'il est demandé par les deux tiers des habitants (section III), etc.

Les oppositions et les désordres qui suivirent les lois de 1792 et 1793 amenèrent, trois ans après, la loi du 21 prairial an IV, qui, sans abolir celle de 1793, en suspendit l'exécution. Le gouvernement consulaire voulut régulariser les faits accomplis, et d'après la loi du 9 ventôse an XII, ceux qui étaient devenus propriétaires à la suite de partages régulièrement effectués d'après la loi du 10 juin 1793, furent maintenus définitivement; ceux qui détenaient sans justifier d'aucun titre purent devenir propriétaires incommutables, sous condition de payer à la commune une redevance annuelle, rachetable en tous

temps moyennant vingt fois la rente, et qui serait fixée,
d'après l'estimation, à la' moitié du produit annuel dont
le bien usurpé aurait été susceptible au moment do
l'usurpation. Cette loi décida, en outre, que le sursis
prononcé par la loi de prairial an IV, pour les actions des
tiers sur les biens communaux, serait levé ; il résulte do
cette disposition même, qu'elle n'a pas dérogé à la loi de
prairial en ce qui concerne le partage. La loi de 1837 se
tait sur ce point ; mais, il ressort des différentes discus-
sions qui ont eu lieu que le législateur a entendu maintenir l'interdiction des partages individuels. Des amende-
ments dans le sens du partage furent proposés ; ils furent
repoussés par des votes réitérés, et un avis du conseil d'État
du 21 février 1838, regarde expressément le partage comme
prohibé. La question a été de nouveau posée aux Chambres en 1848, 1860 et il est certain qu'il n'y aurait
pas eu lieu de proposer la remise en vigueur de la loi de
1793, si on n'avait pas été convaincu de son abrogation.

Ainsi, d'après une jurisprudence constante, la plupart
des dispositions de la loi de 1793 n'existent plus ; cependant quelques-unes reçoivent encore leur application ;
aussi il a été jugé dans un remarquable arrêt de la Cour
de cassation, du 1er août 1842, que, pour avoir droit à un
lot, il fallait être domicilié dans la commune, et que, par
conséquent, c'était le locataire habitant et non le propriétaire non habitant qui avait droit au lot.

Il arrive souvent que, tout en ne partageant pas les
communaux, on emploie un moyen terme : on attribue
un lot à chaque habitant ou à chaque chef de maison, à
la charge par lui de payer une certaine redevance. Léga-

lement, cette opération ne devrait pas être plus autorisée
que le partage; ce n'est qu'un partage simulé; la redevance est toujours bien au-dessous du prix de l'immeuble,
et, nous le répétons, si dans la forme c'est une vente,
dans le fond c'est un partage. Cette vente n'a pas lieu
non plus aux enchères, car l'exception de la loi, qui
permet la vente à l'amiable, ne doit avoir lieu que dans
des cas très rares et pour des motifs que nous ne trouvons pas ici. Le conseil d'Etat a été guidé par les besoins
de la pratique et de l'économie sociale bien entendue, et il
serait bon que la loi vînt changer le fait en droit. Quand
cette sorte de partage est adoptée, on fait autant de parts
qu'il y a de chefs de maisons domiciliés; tout d'abord le
conseil municipal doit voter la concession à titre onéreux;
une estimation de chaque lot est faite; on arrête et on
public la liste des ayants-droit qui font leur soumission
et paient dans un délai déterminé le prix fixé; le préfet,
après une enquête de *commodo et incommodo*, approuve
la vente-partage par un arrêté pris en conseil de préfec-
fecture, et l'acte de concession est reçu par un notaire.

Titre II.

Des usurpations des biens communaux.

La loi du 9 ventôse an XII n'avait pas seulement eu
pour but de lever le sursis qui empêchait les tiers d'intenter une action contre les communes à propos des biens,
elle avait voulu aussi régulariser les partages faits depuis
1793, et elle décidait que tous ceux qui étaient devenus

propriétaires en vertu d'un titre seraient maintenus définitivement ; les détenteurs qui n'avaient pas de titre
régulier, mais qui avaient déjà défriché, planté, construit
sur le sol qu'ils occupaient, pouvaient aussi être maintenus à condition de faire la déclaration de leurs terrains
et de payer une certaine redevance à la commune ; sinon
la loi enjoignait aux administrateurs des communes de
faire toutes les diligences nécessaires pour réprimer les
u. rpations. Cette recommandation fut mal exécutée et
une nouvelle ordonnance du 23 juin 1819 vint de nouveau
prescrire cette mesure. Elle accordait un délai de trois
mois pour faire la déclaration, et permettait dans ce cas
aux détenteurs de devenir propriétaires en payant les
quatre cinquièmes de la valeur des biens, déduction faite
de la plus-value résultant des améliorations. De plus, un
décret additionnel de l'an XIII avait maintenu les partages
faits avant 1789, en vertu d'arrêts du conseil, ordonnances, etc... Tous ces actes législatifs avaient pour but
de régulariser la propriété et de donner de la sécurité
aux détenteurs ; aussi le conseil d'État, se fondant sur
l'esprit de la loi, considérait surtout s'il y avait eu exécution matérielle d'un partage, et non s'il avait été fait selon
les prescriptions légales (arrêt du 3 septembre 1807.

Depuis 1819, les usurpations des biens communaux
ont été beaucoup moins fréquentes, mais elles sont loin
d'avoir complètement disparu. Les habitants des communes ou sections de communes s'entendent pour considérer les communaux comme des indivis ou propriétés
particulières auxquelles ils ont un droit égal ; plusieurs
d'entre eux, ayant parfois le maire en tête, demandent

contre les autres le partage de ces prétendus indivis ;
ceux-ci consentent au partage; un jugement passé d'expédient l'ordonne, et le corps moral est dépouillé au profit
des possecseurs actuels ; dans ce cas, le préfet ne peut
pas saisir directement le conseil de préfecture, il doit
peser sur les déterminations du conseil municipal ou
trouver un contribuable qui veuille agir au nom de la
commune, en vertu de l'article 49 de la loi du 18 juillet
1837.

La loi du 9 ventôse, et après elle l'ordonnance de 1819
ont appelé les conseils de préfecture à juger les contestations entre les communes et les détenteurs de biens
communaux. Cette compétence est très restreinte ; elle ne
s'applique pas quand il s'agit d'une contestation entre
co-partageants ; il faut que la commune soit partie et que
la qualité de bien communal ne soit pas discutée. Si le
détenteur conteste cette qualité, ou si, tout en invoquant
un partage, il fait valoir un moyen de droit commun, le
conseil doit surseoir à statuer jusqu'à ce que la question
préjudicielle de propriété ait été vidée (conseil d'Etat, 30
mars 1852). Les conseils de préfecture ne sont juges que
du fait et de l'étendue de l'usurpation; encore ils ne
prononcent pas un véritable jugement. Il ne peut être mis
à exécution, dit le décret de l'an XIII, qu'après avoir été
soumis à l'examen du conseil d'Etat, et confirmé par un
décret sur le rapport du Ministre de l'intérieur. La compétence des conseils de préfecture ne s'applique aussi
qu'aux usurpations commises entre les lois de 1793 et
de ventôse; pour les usurpations postérieures, le conseil
d'Etat admet depuis 1857 que les tribunaux ordinaires

sont seuls compétents (arrêts des 22 septembre 1859 ; 13 juin 1860).

Titre III.

Partage des biens communaux indivis entre deux communes.

Il peut se faire que des communaux appartiennent par indivis à deux ou plusieurs communes, et en vertu des principes ordinaires du droit, elles peuvent réclamer le partage, en demandant l'approbation de l'autorité administrative. La loi de 1837 porte (article 19) que les conseils municipaux délibéreront sur le partage des biens indivis entre deux ou plusieurs communes, et (article 20) que leurs délibérations seront adressées à l'administration, et ne seront exécutoires qu'après l'approbation du chef du pouvoir exécutif ou du préfet. Aujourd'hui, aux termes du décret de décentralisation de 1852, le préfet peut statuer sur ces partages, quelle que soit la valeur des biens.

Il suit de l'application de l'article 815 du code civil, qu'ici le partage est simplement déclaratif de propriété, et qu'il n'est pas attributif, comme lorsqu'il s'agit du partage entre habitants.

Sous l'ancienne monarchie, une ordonnance de 1744 avait décidé que l'on devait appliquer à cette matière les règles des sociétés privées, c'est-à-dire le partage par égales portions entre les communes ; en 1777, des lettres patentes spéciales à la Flandre prescrivirent le partage par feux ; la loi de 1793 ordonna le partage par têtes d'ha-

bitants; mais deux avis du conseil d'Etat de 1807 et de
1808, insérés au *Bulletin des lois*, ont fait admettre la
décision au prorata du nombre de feux de chaque commune, et depuis ce temps, le conseil d'Etat et la Cour de
cassation ont maintenu ce mode de partage, sauf le cas
où il y a un titre qui règle les droits des communes.
Ce titre ne peut être suppléé, et quand bien même deux
communes auraient joui par moitié et payé par moitié les
contributions foncières, il n'en faudrait pas moins suivre
la règle du partage par feux. On suppose, en effet, que si
les communes ont ainsi joui, par moitié, sans tenir
compte du nombre de feux, c'est par simple tolérance, et
sans vouloir perdre aucun droit. On fait le partage au
prorata des feux qui existent au moment où il est demandé, c'est-à-dire que l'on compte tous les chefs de
famille, anciens ou nouveaux, qui avaient droit au partage
des fruits (cassation, 18 juillet 1851). Chaque commune
prend un lot contigu à son territoire.

Une commune peut-elle, en cas de désaccord, forcer
une autre commune à sortir de l'indivision ? Dans un
premier système, on applique en tout cas, l'article 815 du
code civil, aux termes duquel « nul n'est tenu de rester
dans l'indivision » et on se fonde sur l'article 92, p. 2
du code forestier qui accorde à chaque commune indivise
le droit de demander le partage. D'après une seconde
opinion, il n'y a aucun moyen judiciaire de vaincre le
refus d'une commune ; le partage entre communes, dit-
on, est en dehors de toutes les règles du droit civil, et si
on admettait qu'un jugement pût l'ordonner, il faudrait
soumettre ce jugement à l'approbation du préfet et violer

ainsi la 1· ⸱ ..nentale de la distinction des pouvoirs. Toutefois il est très difficile à ce système de rendre compte de l'article 92 du code forestier qui paraît bien formel.

Il peut se faire que l'état particulier du pays force à l'indivision plusieurs communes, et l'article 70 de la loi de 1837 a décidé qu'en cas d'indivision, sur la demande de l'une d'elles, le gouvernement pourrait instituer une commission syndicale composée de délégués des conseils municipaux des communes intéressées. Cette commission remplit les fonctions d'un conseil municipal, et ses délibérations ne sont exécutoires que sur l'approbation du préfet (article 71).

Il peut aussi y avoir indivision passive entre les communes, par exemple, s'il s'agit d'entretenir un pont à frais communs; mais en ce cas la loi n'autorise pas la nomination d'une commission syndidale.

Titre IV

Du contentieux en matière de partage des biens communaux (1).

L'autorité judiciaire est compétente : 1° toutes les fois que la contestation porte sur des questions relatives à la propriété des biens à partager (tribunal des conflits, 2 mai 1850); 2° toutes les fois qu'il s'agit de faire ordonner, en vertu de l'article 815 du code civil, le partage des

(1) Voir Serrigny, *Compétence administrative*. Tome III, n° 1183 et s., 2ᵐᵉ édition.

biens indivis entre plusieurs communes ; 3° toutes les
fois qu'il s'agit de fixer la part à laquelle chacune des
communes co-partageantes a droit (conseil d'État, 20 juin
1844) quand elles invoquent des titres afin de déroger à
la règle générale du partage par feux ; 4° les conditions
d'aptitude personnelle pour avoir droit au partage et à la
jouissance des biens communaux sont encore de la compétence des tribunaux civils (articles 3 et 4, section 5 de
la loi du 10 juin 1793).

C'est à l'autorité administrative qu'il appartient, non-
seulement d'autoriser ou d'approuver le partage des biens
indivis entre les communes, mais même de prononcer sur
les difficultés relatives au mode de partage et à ses opérations matérielles, telles que la nomination des experts,
la formation et le tirage au sort des lots (articles 1 et 2,
section 5 de la loi du 10 juin 1793). L'administration est
aussi chargée de juger les contestations qui peuvent sur-
venir entre une commune et ses habitants, relativement à
l'existence et à la la validité d'un partage.

Toutes les fois qu'il s'agira de l'exécution matérielle du
partage, nomination des experts, tirage au sort des lots,
etc., la question sera de la compétence du préfet.

Lorsqu'il faudra, au contraire, trancher les difficultés
ralatives au mode et à l'interprétation des actes de partage,
le conseil de préfecture sera seul compétent, parce qu'il y
aura, non plus un simple acte d'exécution à accomplir,
mais un véritable litige à vider.

SECTION V

ALIÉNATION DES BIENS COMMUNAUX.

———

Nous avons vu que les biens communaux provenaient, soit des concessions faites à titre gratuit ou à titre onéreux par les seigneurs laïques et ecclésiastiques, soit de l'accord des habitants qui avaient mis des pâturages dans l'indivision et qui les y avaient laissés, après la dissolution des communautés agricoles du moyen âge. C'est donc l'intérêt des habitants qui a fait constituer les biens communaux, et si la propriété a été attribuée, non aux habitants individuellement, mais à la collection des habitants présents et futurs, ç'a été pour maintenir la population dans le même lieu, en lui assurant la perpétuité des avantages qu'on pourrait en retirer. Le préambule de l'édit d'avril 1667, rappelait avec raison que les biens communaux avaient été concédés « pour demeurer inséparablement attachés aux habitations des lieux, pour donner moyen aux habitants de nourrir des bestiaux et de fertiliser leurs terres par les engrais et plusieurs autres usages. » Aussi était-il de règle primitivement que ces biens ne pouvaient être aliénés, ni même donnés à ferme. Cette prescription, on le conçoit, fut d'une grande utilité pour protéger les

communes contre les usurpateurs puissants qui les
dépouillaient en se faisant vendre à vil prix ou donner à
bail emphytéotique les biens communaux. Mais elle était
également établie pour sauvegarder contre les habitants
eux-mêmes ce que l'on considérait comme un intérêt
agricole de premier ordre, la nourriture des bestiaux.
Toutefois, les intérêts généraux de la communauté ne pouvaient tarder à se faire place à côté des intérêts privés de
chaque habitant, et l'ordonnance de 1669 permit les
fermages et les aliénations avec autorisation du roi, en
cas de nécessité, c'est-à-dire lorsqu'il n'y avait pas
d'autres moyens d'acquitter les charges. Nous avons aussi
montré que le progrès des idées économiques amena la
royauté à autoriser dans plusieurs provinces le partage
des biens communaux entre les habitants chefs de ménage
pour en jouir, eux et leurs successeurs en ligne directe à
titre d'usufruit, et sauf, en cas d'extinction de la famille,
le retour du lot à la commune, qui devait le remettre au
plus ancien chef de ménage, non pourvu lui-même.

Les lois des 10 août 1791 et du 24 août 1793 permi-
rent la vente des biens sous certaines conditions, mais
celles du 2 prairial an v et 9 ventôse an xii les défendirent
absolument. La rigueur des prescriptions se relâcha plus
tard, et on s'habitua à remplacer la loi qui devait approuver l'aliénation d'un bien communal, par un simple décret
sous l'Empire, et par une ordonnance royale sous la
Monarchie et sous le gouvernement de Juillet.

La loi du 18 juillet 1837 accorda bien plus de facilités
aux communes ; elle se contente simplement de l'approbation du préfet si la valeur de l'immeuble à vendre est

de 3,000 francs et au-dessous, et de l'approbation du roi si cette valeur excède 3,000 francs (article 46). On admit aussi que « la vente des biens mobiliers et immobiliers des communes, autres que ceux servant à un usage public, pourrait, sur la demande de tout créancier porteur de titres exécutoires, être autorisée par ordonnance du roi, qui déterminera les formes de la vente. » C'était là une innovation, mais elle se justifiait par cette considération que, vis-à-vis des tiers, les communes comme l'État, sont, à moins de cas exceptionnels, de simples particuliers.

Le décret de 1852 accorda au préfet le droit d'autoriser les ventes, de quelque valeur que fussent les biens, à moins toutefois qu'il ne s'agit de terrains soumis au régime forestier.

Formalités exigées pour la vente. — Il est certains cas dans lesquels la vente d'un bien communal n'exige d'autres formalités qu'une simple constatation. Ainsi, lorsqu'il existe un plan d'alignement (articles 51 et 53, loi du 16 septembre 1807), les riverains qui veulent construire sont obligés de s'avancer sur le sol communal et de prendre, moyennant un prix, une partie de la voie pour y établir leurs constructions. Dans ce cas, la concession de l'alignement à celui qui le demande emporte vente de la partie du terrain communal qu'il prend, sans autres formalités. Il va de soi que l'article 1596 du code civil qui crée certaines incapacités d'acheter, n'est pas ici applicable.

Voici, d'après Dalloz, les cas dans lesquels les communes peuvent être autorisées à vendre de gré à gré :

1° celui où l'usurpateur d'un bien communal en fait la déclaration conformément aux dispositions de l'ordonnance du 23 juin 1819; 2° celui où l'objet n'a qu'une valeur médiocre, ou si l'aliénation présente un avantage évident pour la commune; 3° lorsque la vente est faite à un établissement public; 4° lorsqu'il s'agit de l'exécution d'alignements de voirie urbaine ou vicinale. (Voir Dalloz, *Communes*, n° 2440).

Les formalités à suivre pour la vente d'un bien communal sont réglées par l'arrêté du 7 germinal an ix et l'avis du conseil d'Etat du 3 septembre 1811.

1° Le maire doit faire estimer les biens à vendre par deux experts;

2° Un plan des lieux doit accompagner le procès-verbal d'expertise;

3° Une enquête de *commodo et incommodo* doit être ouverte de manière à ce que toutes les réclamations puissent se produire;

4° Le conseil municipal, après avoir pris connaissance de toutes ces pièces, doit délibérer sur l'opportunité de la vente et sur les réclamations consignées dans l'enquête;

5° Le préfet approuve cette délibération et autorise la vente, avec ou sans le ministère d'un notaire;

6° La vente se fait aux enchères en présence du maire assisté de deux conseillers municipaux et du receveur de de la commune. Toutes les difficultés qui peuvent s'élever sur les opérations préparatoires de l'adjudication sont résolues séance tenante par le maire et les deux conseillers assistants, à la majorité des voix, sauf le recours de droit (loi de 1837, article 18).

Les communes qui emploient le ministère d'un notaire auront un titre exécutoire sans recourir aux tribunaux. M. Duchâtel, alors Ministre de l'intérieur, indiqua, dans sa circulaire du 19 décembre 1840, un autre moyen d'avoir un titre exécutoire : « Cependant, dit-il, une règle nouvelle, introduite par la loi du 18 juillet 1837, peut suppléer, jusqu'à un certain point, au défaut de force exécutoire des actes de vente consentis par les communes sans le concours d'un notaire. Je veux parler de l'article 63 de cette loi, ainsi conçu : toutes les recettes municipales pour lesquelles les lois et règlements n'ont pas prescrit un mode spécial de recouvrement, s'effectuent sur des états dressés par le maire. Ces états sont exécutoires alors qu'ils ont été visés par le sous-préfet. Les oppositions, lorsque la matière est de la compétence des tribunaux ordinaires, y sont jugées comme affaires sommaires, et la commune peut y défendre, sans autorisation du conseil de préfecture. En vertu de cette disposition, ajoute la circulaire, si un adjudicataire refusait ou négligeait de payer au terme fixé le prix du bien communal, le maire pourrait obtenir un titre exécutoire sans recourir aux tribunaux, et le recouvrement forcé du prix s'effectuerait de la même manière que si la commune avait un acte notarié, sauf les oppositions que le débiteur aurait la faculté de former.

La vente aux enchères n'est ici qu'une vente volontaire, et il n'y a lieu ni à la surenchère, ni à la folle enchère. On a cependant soutenu le contraire, en se fondant sur

ce que les communes sont, aux yeux de la loi, en état de
minorité, et on a conclu qu'il fallait appliquer les dispositions du code de procédure concernant l'aliénation des
mineurs. L'analogie n'est pourtant pas la même entre les
mineurs et la commune, car celle-ci, dès qu'elle est autorisée, devient complètement capable, et elle peut, dès
lors, aussi bien qu'une personne majeure, passer des
contrats avec des tiers. Du reste, les lois qui entourent
de protection les mineurs sont des règles exceptionnelles
qu'on ne saurait étendre hors des cas prévus. Le maire
ne peut se porter adjudicataire, ni par lui-même, ni
par personne interposée (article 1596, code civil); et
comme les conseillers municipaux ne sont pas administrateurs, ils peuvent, ce semble, devenir adjudicataires.

Toutes les questions qui sont spécialement prévues
par le code civil, comme les actions en nullité, en garantie, etc..., ressortent des tribunaux ordinaires.

Aliénations à titre gratuit. — Lorsqu'il s'agit de donations d'objets mobiliers, elles sont inscrites dans le budget
au chapitre des dépenses facultatives, et l'autorité compétente, en approuvant le budget, ratifie également les donations faites par la commune. Quand il s'agit d'immeubles
communaux, les formalités sont les mêmes que celles
exigées pour la vente. Ces donations se présentent surtout
lorsque les communes désirent attirer dans leur sein des
industries qui peuvent leur procurer de grands avantages;
elles concèdent alors soit des bâtiments, soit des empla-
cements nécessaires pour établir des ateliers.

Echanges. — Les formalités à remplir sont ici les
mêmes que pour la vente, sauf deux différences : 1° l'opé-

ration des experts devra porter non-seulement sur les biens communaux, mais aussi sur les biens donnés en échange à la commune, afin que les différentes autorités chargées d'examiner l'affaire puissent prendre une décision en connaissance de cause ; 2° il n'y aura pas d'adjudication publique. L'administration montre, en général, beaucoup de réserve dans ces opérations, et ne les autorise qu'à bon escient ; une circulaire du Ministre de l'intérieur, de 1837, explique ces précautions : « L'expérience a démontré que les échanges sont, le plus souvent, peu avantageux aux communes, et ne profitent guère qu'à l'intérêt privé, d'où ils tirent leur principe. Ces sortes de contrats ne peuvent donc être autorisés qu'autant qu'ils auraient un but réel d'utilité publique, et que l'avantage ou la nécessité en serait incontestable. Dans les cas ordinaires, les communes doivent vendre. »

SECTION VI

DES SECTIONS DE COMMUNES (1).

La commune a, dans notre législation actuelle, trois caractères bien distincts ; elle forme la dernière des circonscriptions administratives entre lesquelles est partagé le territoire français ; c'est aussi une sorte de société politique qui, dans certaines limites, prélève des impôts sur ses membres, qui a son gouvernement, sa police et sa législation. Enfin, c'est un être moral qui possède des biens et des droits communs aux citoyens qui la composent. En tant qu'être moral, elle peut se subdiviser en sections : il peut exister des villages, des hameaux qui, faisant partie de la circonscription d'une commune, et régis par les mêmes magistrats municipaux, ont des biens et des droits exclusivement communs à leurs habitants.

Déjà, dans l'ancien droit, on voit que les communautés se fractionnaient intérieurement par des actes du pouvoir royal ; en effet, les paroisses comprenaient souvent dans leur territoire plusieurs villages ou hameaux. *Le nouveau*

(1) Voir l'ouvrage très étendu et très complet de M. Aucoc sur les *Sections des Communes.*

coutumier général de Richebourg, 1724, donne un état très détaillé de tous les sièges royaux et autres juridictions ressortissant au bailliage de Troyes et des villes, villages, paroisses, lieux et hameaux qui en dépendent; et si on remarque que parfois une paroisse est érigée dans un hameau composé à peine de quelques maisons, on y voit plus souvent que cinq, six et même dix villages faisaient partie de la même paroisse et avaient des droits distincts, comme cela peut se déduire des diverses origines des biens communaux.

La principale cause qui, depuis 1789, a donné naissance à des sections de commune, c'est la modification profonde créée par la loi du 22 décembre 1789; elle porte, dans son article 7 : il y aura une municipalité dans chaque ville, bourg, paroisse ou communauté de campagne. » Sans avoir recherché si toutes les communautés d'habitants, existants sous des titres divers et avec des régimes afférents, offraient les éléments d'une administration municipale, le législateur créait ainsi environ 44,000 municipalités. Après cette loi, il est vrai, on a supprimé, sous tous les régimes, un certain nombre de communes, mais il en est encore resté beaucoup; on en compte plus de 37,000. Toutefois, on a admis que les fractions de commune conserveraient leurs droits propres et continueraient à avoir des intérêts distincts dans le sein de la commune dont elles devaient désormais faire partie.

La section de commune est, comme la commune, une communauté territoriale; c'est à l'habitation sur le territoire de la section qu'est attaché le droit à la jouissance

de ses biens dont la propriété repose sur la tête de la
collection des habitants formant un corps moral. Seulement il y a entre les communes et les sections de communes une différence : le territoire des premières a une
assiette certaine et officiellement déterminée, et le plus
souvent il n'en est pas de même pour celles-ci. En effet, la
qualité de section appartient par la force des choses et
indépendamment des actes administratifs, à toute société
d'habitants unis par des droits primitifs, que l'origine de
cette communauté soit ancienne ou récente, et que les
limites de son territoire aient ou n'aient pas été préalablement arrêtées.

Par quels moyens peuvent s'établir les droits exclusifs
d'une section au regard de sa commune ? Il ne pourrait
s'élever de doute si ces droits sont prouvés par d'anciens
titres ou si la commune doit son origine à un changement
de circonscription opéré après 1789 ; mais il faut ajouter
qu'une possession immémoriale établit en faveur de la
section une existence spéciale et indépendante vis-à-vis
de la commune, si elle est accompagnée de ce fait, que
ses habitants ont payé l'impôt sous l'ancien régime ou
supporté à eux seuls les frais d'aménagement, d'entretien,
de garde des biens dont ils jouissaient. Des auteurs n'ad-
mettent pas cette thèse et soutiennent au contraire qu'il y
a présomption de droit que, de tout temps, les communes
ont été propriétaires des biens communaux compris dans
leur territoire ; selon eux, cette présomption ne peut tom-
ber que devant des titres. Cette opinion, si elle était
appliquée, aurait de graves conséquences ; le plus souvent les villages ne pourraient produire des titres qui ont

disparu pendant les troubles de la Révolution, et la plupart des sections se trouveraient de fait supprimées. Les anciens textes ne nous permettent pas de partager une semblable doctrine. (Ordonnance de 1669 ; anciennes coutumes de la Marche et de l'Auvergne). Ajoutons que le législateur a toujours reconnu l'existence des sections et que la prescription fondée sur une longue possession a été précisément instituée pour suppléer à l'absence de titres.

Il peut arriver que, par suite de déplacements de population ou d'autres accidents, une section se trouve réduite à un seul habitant. Cette circonstance n'empêcherait pas l'être moral de subsister, et l'habitant ne jouirait des biens communaux qu'à titre de communiste ; si postérieurement une autre personne venait s'établir sur ce territoire, elle aurait le droit de prendre sa part de jouissance. — Si le village cessait entièrement d'être habité, faudrait-il attribuer les biens de la section à l'Etat comme vacants et sans maître d'après l'article 559 Code civil ; ou à la commune afin de leur donner une destination qui se rapprocherait davantage de celle en vue de laquelle ils avaient été attribués à la section ? La solution proposée par Chabrol dans l'ancien droit, le partage entre les propriétaires au prorata de l'étendue de leurs biens, semblerait conforme à l'origine et à la destination primitive des communaux. Ces biens devaient donner aux habitants le moyen de nourrir les bestiaux et de fertiliser leurs terres par les engrais ; souvent même ils avaient été concédés aux personnes possédant des biens à l'exclusion de celles qui n'étaient pas propriétaires. Les réunir aux propriétés,

dont ils étaient une sorte d'annexe, paraît plus naturel
que les deux autres solutions et favorise davantage les
progrès de l'agriculture.

Les sections de commune n'ont pas une représentation permanente de leurs intérêts : elles n'ont une existence distincte de la commune à laquelle elles appartiennent
que pour quelques relations locales, pour leurs biens et
droits privatifs. Toutefois, la pratique a fait reconnaître la
nécessité de certaines exceptions à ce principe : ces cas
sont au nombre de cinq : 1° celui où elles sont dans
le cas d'intenter ou de soutenir une action judiciaire
contre la commune ou contre une section de la même
commune, (Art. 56 et 57, loi du 18 juillet 1837) ; 2° celui
où elles sont intéressées dans des modifications de circonscription, ayant pour but de les distraire d'une commune, soit pour les réunir à un autre, soit pour les
ériger en communes séparées. (Art. 3, loi de 1837) et
article 13 loi du 24 juillet 1867 ; 3° lorsqu'il y a lieu de
mettre en valeur des terres incultes, conformément à la
loi du 28 juillet 1860 (art. 1er in fine) ; 4° lorsque le
Conseil municipal veut vendre des biens de la section ;
5° s'il s'agit d'établir une imposition extraordinaire qui
doit peser exclusivement sur leurs habitants (art. 42,
loi de 1837), les plus imposés sont tous pris alors parmi
les intéressés ; dans les quatre premiers cas, des com-
missions syndicales sont instituées.

La jurisprudence de la Cour de cassation et du conseil
d'Etat reconnaissent aux conseils municipaux le droit de
régler le mode d'administration et de jouissance des biens
des sections sous le contrôle de l'autorité supérieure; il

en est de même pour l'aliénation et l'échange ; et quant
aux dons et legs, le préfet peut autoriser d'office leur
acceptation, s'ils sont refusés par le conseil municipal.

Les articles 5 et 6 de la loi de 1837 portent : les habitants de la commune réunie à une autre commune con-
serveront la jouissance exclusive des biens dont les fruits
étaient perçus en nature ; les édifices et autres immeubles
servant à usage public deviendront propriété de la commune à laquelle sera faite la réunion. Article 6 : « la section
de commune érigée en commune séparée ou réunie à une
autre commune emportera la propriété des biens qui lui
appartenaient exclusivement : les édifices et autres immeubles à usage public deviendront propriété de la nouvelle commune. »

Ces articles renferment des lacunes considérables (1) ;
dans l'article 5, le législateur ne statue pas sur la propriété
des biens productifs de revenus qui appartenaient à chacune des communes réunies ; il ne règle pas la jouissance
des biens dont les fruits sont perçus en argent, et ne
prévoit point le cas de changement de mode de jouissance
après la réunion. Dans l'article 6, la propriété des biens
est réglée, la jouissance ne l'est pas. Il nous semble que
les sections ont la propriété des biens qui donnent lieu à
une perception de revenus ; quant à la la jouissance, il
faut distinguer ; pour les revenus en argent, la jurisprudence a établi qu'en principe, l'unité de l'administration
municipale, d'où résulte celle de la comptabilité et du

(1) Voir M. Aucoc, page 230 et s.

budget, ne permet pas d'admettre le concours de deux
caisses communales différentes ; dès lors les deniers
versés dans la caisse commune doivent servir aux besoins
généraux de la communauté ; mais lorsque les sections
éprouvent des besoins qui leur sont propres, il est juste
d'y appliquer autant que possible le produit de leurs biens.

Quant aux revenus des biens dont les habitants jouissaient en nature à l'époque où la section a été réunie, la
jurisprudence a varié ; tout d'abord elle ne s'est pas
montrée favorable aux sections, et elle décida jusqu'en
1836 que les fermages devaient, en principe, profiter à la
commune entière. Cette doctrine était peu juridique, et il
en résultait qu'un conseil municipal pouvait, le lendemain
de la réunion, anéantir les droits exclusifs d'une section,
en faisant cesser la jouissance en nature et en amodiant
ou en vendant les biens. C'était contre l'esprit de la loi,
et le conseil d'Etat a, depuis 1856, reconnu le droit des
sections. Pour cela, il n'est pas besoin d'établir un budget et un compte par section ; il suffit que l'administration
supérieure, en réglant le budget, ajoute aux articles des
recettes et des dépenses certaines annotations qui permettent de distinguer l'intérêt sectionnaire de l'intérêt
communal proprement dit. De même doit-on statuer par
analogie que les sections ont un droit exclusif au prix de
vente de leurs biens. (Voir en ce sens la jurisprudence du
ministère de l'intérieur et du conseil d'Etat). Une seule
section n'est pas tenue de subvenir au paiement d'une
dette qui porte sur toute la commune ; elle ne doit y
contribuer que dans la proportion soit du nombre de ses

feux, soit du montant de ses contributions, suivant la nature de l'obligation.

On voit, d'après les articles 5 et 6 de la loi de 1837, que les sections de commune ont la propriété et la jouissance exclusive des biens qui donnent lieu à une jouissance en nature, et qu'elles ont aussi la propriété et dans certains cas la jouissance des biens qui donnent lieu à une perception de revenus. L'état d'indivision dans lequel elles pourraient se trouver ne nuit en rien à leurs droits ; en cas de distraction, elles emportent leurs propriétés et usages sur les immeubles comme sur les meubles ; il en est ainsi pour l'affouage et le quart en réserve des bois communaux. La loi de 1837 laisse subsister à cet égard le droit commun, en faisant, par son article 7 « réserve de toutes les questions de propriété. » Par réciprocité, la section réunie n'acquiert aucun droit sur les biens de la commune à laquelle elle vient s'agréger.

Quant aux immeubles affectés à usage public (églises, maisons d'école, fontaines, cimetières, chemins, ils appartiennent à la commune sur le territoire de laquelle ils sont situés : « Il y aurait de l'inconvénient, disait M. Vivien, dans son rapport présenté à la Chambre des députés le 26 mai 1836, à ce que la commune, dont la section est distraite, possédât des édifices publics hors de sa circonscription ; elle n'en jouirait qu'en exerçant sur la nouvelle commune une espèce de droit de servitude dont l'usage donnerait souvent naissance à des contestations. D'un autre côté, la section ou la commune réunie à une autre commune apporte avec elle ces immeubles ; mais on a pensé qu'il y avait principalement des charges attachées

à cette propriété et la loi décide que ces immeubles devien-
draient la propriété de la nouvelle commune qui les
emploiera à l'usage général. »

Cette attribution de propriété, par suite de laquelle les
droits existant avant le changement de circonscription
sont souvent modifiés, peut donner lieu à une indemnité
au profit de la commune ou de la section qui perd ses
droits ; l'intention du législateur à cet égard n'est pas
douteuse ; elle résulte formellement des rapports faits aux
deux Chambres en 1837 ; mais comme le dit une circulaire du Ministre de l'intérieur du 29 janvier 1849, on a
voulu laisser l'appréciation de l'indemnité à l'autorité
administrative, parce qu'il n'était pas possible de régler à
priori les cas si divers qui peuvent se présenter, ni même
de rappeler des principes généraux dont l'application pût·
servir à résoudre les difficultés nées de la séparation.

Il faut qu'une loi intervienne quand le changement
proposé doit modifier la circonscription d'un département,
d'un arrondissement, d'un canton ; il suffit d'un décret
rendu en conseil d'État dans l'autre hypothèse, si le conseil général émet un avis favorable à la modification, et
malgré l'opposition des conseils municipaux ; si les conseils généraux et municipaux adhèrent, l'article 13 de la
loi du 24 juillet 1867 exige seulement un arrêté préfec-
toral avec une enquête préalable. Toutes ces formalités
sont prescrites à peine de nullité (arrêt du 4 juillet
1848).

SECTION VII.

IMPÔTS DUS POUR LES BIENS COMMUNAUX AVANT ET APRÈS 1789 (1). •

Avant 1789, il y avait deux impôts territoriaux analogues à la contribution foncière actuelle : la taille et les vingtièmes.

Les biens communaux n'étaient pas assujettis la taille, soit dans le pays (et c'était le plus·grand nombre) où elle était *personnelle* ou *mixte*, c'est-à-dire imposée sur les personnes à qui leur qualité ne donnait pas droit à l'exemption, et ce, en raison de leurs biens et facultés et de leur industrie, soit dans la partie de la France où elle était *réelle*, c'est-à-dire imposée à raison de la nature des fonds et non de la qualité des personnes. On distinguait, en effet, dans ces derniers pays, notamment dans la généralité de Montauban, les fonds roturiers ou ruraux assujettis à la taille, les fonds nobles qui en étaient exempts par leur nature, et les fonds *immunes,* qui en étaient dispensés, à raison de leur affectation à l'usage du public, mais qui devenaient imposables, si leur desti-

(1) Voir les deux excellents *Cours de droit coutumier* et d'histoire *du droit*, de MM. Chambellan et de Valroger.

nation changeait. Dans cette dernière catégorie étaient rangés les biens communaux. On peut trouver des indications utiles sur l'existence des biens des communes et des sections dans les cadastres qui ont été dressés à différentes époques dans divers pays, soit de taille réelle, soit même de taille personnelle, et qui comprenaient une énumération détaillée et un arpentement général de tous les fonds situés dans l'étendue de chaque communauté.

Les biens communaux étaient, en revanche, assujettis à l'impôt du *dixième* (1) du revenu étab'' par un édit royal du 14 octobre 1710, supprimé plus tard et remplacé par l'impôt du *vingtième,* auxquels se joignirent ensuite temporairement un second et un troisième vingtièmes. En outre de ces impôts annuels, les communes avaient à payer au trésor royal, en qualité de communautés de main morte les droits d'amortissement et les droits de nouvel acquêt. Le droit d'amortissement était, en quelque sorte la compensation du préjudice que causaient les communautés de main morte au fisc royal, en acquérant des propriétés qu'elles conservaient indéfiniment, et sur lesquelles le fisc n'avait plus l'occasion de percevoir les droits de mutation, comme il le faisait sur les propriétés des particuliers chaque fois qu'elles changeaient de main. Ce droit aurait dû être payé à chaque acquisition, mais on négligeait souvent de l'exiger, et plusieurs édits, rendus au dix-septième siècle, 19 avril 1639 et 5 juillet 1689, ordonnèrent en consé-

(1) Voir les Mémoires de Moreau de Beaumont sur les *Impositions en Europe,* tome II.

quence une sorte de recensement général des propriétés des gens de main morte qui étaient forcés d'acquitter le droit pour tous les biens qu'ils possédaient.

Le droit de nouvel acquêt, qui, primitivement, se payait concurremment avec le droit d'amortissement sur tous les biens et droits réels des gens de main morte, ne fut plus exigé, à partir de 1691, que sur les biens dont ils avaient seulement l'usufruit ou l'usage. Pour l'acquittement de ce droit, dont la quotité fût fixée par une déclaration du roi du 9 mars 1700 à une année de revenu pour vingt années de jouissance « les maires, échevins, consuls, jurats ou syndics des villes, bourgs, bourgades, paroisses, villages, hameaux, qui possédaient des droits de glanage, pacage, chauffage, pâturage, etc., étaient tenus d'en fournir des déclarations, signées d'un ou deux des principaux habitants, contenant les usages qui leur appartenaient de tout temps, l'étendue et la qualité des terres, bois et autres fonds qui y étaient sujets. » Ces déclarations, sur lesquelles on se basait pour fixer l'impôt, devaient être renouvelées tous les dix ans et enregistrées au greffe des gens de main morte, faute de quoi les biens pouvaient être saisis.

Le paiement des impôts, depuis 1789, est généralement constaté d'une façon plus précise et plus exacte qu'il ne l'était auparavant. Le cadastre, commencé en 1807, est exécuté aujourd'hui sur la totalité du territoire français.

Les propriétés communales, productives de revenus, ont dû être imposés à la contribution foncière, comme les immeubles appartenant aux particuliers. Cette règle

11

était posée par la loi des 23 novembre, 1er décembre 1790. Enfin, à l'impôt foncier, est venue se joindre depuis la loi du 20 février 1849, la taxe des biens de main morte. Cette taxe annuelle, représentative des droits de transmission entre vifs et par décès, rappelle le droit d'amortissement perçu avant 1789; elle est établie « sur les biens immeubles passibles de la contribution foncière, appartenant aux départements, communes hospices, séminaires... et tous établissements publics légalement autorisés. »

FIN.

POSITIONS.

DROIT ROMAIN.

1° Le *Quinquennalis* municipal était revêtu de fonctions analogues à celles du censeur romain, mais ce n'était pas un magistrat distinct du *duumvir* de l'année lustrale.

2° Il n'était pas nécessaire d'avoir le *jus italicum* pour obtenir une constitution municipale indépendante.

3° La femme ne peut jamais renoncer au sénatus-consulte Velléien.

4° L'*allectio* était bien réellement un quatrième moyen d'acquérir le *jus originis*.

DROIT FRANÇAIS.

1° Un entrepreneur de travaux communaux qui, sur l'ordre du maire ou de la commission municipale chargée de surveiller les travaux, fait, à son devis légalement approuvé, des changements qui augmentent la dépense, n'est fondé, en principe, à réclamer cette augmentation qu'autant que ces changements ont été approuvés par le conseil municipal et par le préfet.

2° Les chemins ruraux font partie du domaine public des communes.

3° En matière de travaux publics, on ne doit pas prendre en considération la plus-value qui résulte de l'exécution des travaux, et cette plus-value ne peut pas entrer en compensation partielle ou totale avec le montant de l'indemnité.

4° Pour qu'il y ait lieu à une indemnité à suite d'exécution de travaux publics, il n'est pas absolument néces-

saire que les dommages causés soient *directs et matériels.*
(Critique de la jurisprudence du Conseil d'Etat en cette
matière.)

5° Une condamnation solidaire ne peut être prononcée
entre un architecte et un entrepreneur de travaux communaux dans les cas prévus par l'art. 1792 du code civil,
qu'autant qu'il est impossible de fixer la proportion dans
laquelle chacun d'eux a contribué aux vices de construction, et par suite la part de responsabilité qui revient à
chacun.

6° L'affouage n'est pas une servitude réelle.

7° Le *domicile réel et fixe* exigé pour l'affouage n'est
pas celui dont il est question dans l'article 1er, section ii de
la loi du 10 juin 1793 ; la question de domicile, en ce qui
concerne les jouissances communes, reste dans les termes
du droit commun.

8° Il n'est pas nécessaire d'être naturalisé Français
pour avoir droit aux jouissances communales.

9° Le conseil d'Etat est compétent pour statuer sur
toutes les questions qui s'élèvent sur le point de savoir
si les particuliers prétendant avoir droit aux jouissances

communales remplissent les conditions d'aptitude exigées par les lois et règlements.

10° Lorsque la suppression d'un barrage établi dans le lit d'une rivière navigable a pour effet de supprimer en même temps la force motrice et les bâtiments d'une usine construite sur le barrage même, et vendus nationalement, le jury d'expropriation est compétent pour régler l'indemnité due à raison de la perte des bâtiments et de la force motrice.

11° La juridiction administrative s'applique aux dommages permanents.

12° Les *travaux communaux* sont compris dans le terme générique de *travaux publics* dont se sert l'article 4, paragraphe 2 de la loi du 28 pluviôse an VIII.

13° Les jugements étrangers n'ont pas toujours force de chose jugée en France.

14° La dot mobilière de la femme n'est pas inaliénable, mais la jurisprudence de la Cour de cassation se justifie au point de vue des nécessités de la pratique.

15° Lorsque dans un contrat de mariage, tous les biens à venir de la femme ont été déclarés dotaux, la condition de *paraphernalité* imposée par ses ascendants à une donation, reste sans effet dans la mesure de la réserve à laquelle la femme peut avoir droit ; mais cette condition est valable en tant qu'elle porte sur la quotité disponible, ou si elle est apposée à une donation faite par une personne sur la succession de laquelle il n'existait aucun droit de réserve.

16° Une constitution dotale de tous biens à venir comprend les produits ou bénéfices qu'à partir du contrat de mariage jusqu'à la dissolution de l'union conjugale, la femme a retirés de l'exercice d'une industrie personnelle ou d'un commerce distinct et indépendant de celui de son mari.

HISTOIRE DU DROIT.

1° Constantin n'a pas été cause de la ruine des institutions municipales.

2° L'origine des biens communaux a un caractère complexe et multiple.

DROIT CRIMINEL.

Celui qui a été acquitté par la Cour d'assises ne peut pas être recherché pour le même fait qualifié d'une autre manière.

DROIT COMMERCIAL.

En cas de faillite d'un commerçant, son bailleur a le droit de se faire payer tous les loyers à écheoir ; mais cette conséquence rigoureuse des textes appelle une modification législative.

DROIT DES GENS.

Un État qui laisse construire des bâtiments et fabriquer des engins de guerre pour le compte de l'un des belligérants, viole la neutralité.

LISTE D'OUVRAGES

Qu'on peut utilement consulter pour écrire une thèse sur les municipes en droit romain et la commune en droit français.

———

MM. Guizot. — Essais sur l'histoire de France.

Thierry (Amédée). — Tableau de l'Empire romain.

Giraud. — Introduction à l'étude du droit. — Lettres sur les Tables de Salpensa et de Malaga.

Béchard. — Le droit municipal dans l'antiquité.

Roth. — De Re municipali Romanorum.

Savigny. — Histoire du droit romain au moyen âge, 3 volumes.

Raynouard. — Droit municipal dans l'antiquité.

MM. FUSTEL DE COULANGES. — La cité antique.

SERRIGNY. — Droit public et administratif romain,
            2 volumes.

PERROT. — Droit public d'Athènes.

SWINDEREN. — Disquisitio de aere Malacitana et
            Salpensana.

CHAMBELLAN.— Etudes sur l'histoire du droit français.

GIDE. — Etude sur la condition privée de la femme
        dans le droit ancien et moderne.

MIGNERET. — Histoire du droit municipal.

LAFERRIÈRE. — Histoire du droit français.

DUREAU DE LA MALLE. — Economie politique des
            Romains.

GUIZOT. — Histoire de la civilisation en Europe et
          en France.

MM. THIERRY (Augustin). — Histoire des temps mérovingiens. — Histoire du Tiers-Etat. — Considérations sur l'Histoire de de France.

RAUDOT. — La France avant la Révolution, — publié en 1850.

BÉCHARD. — Droit municipal au moyen âge et dans les temps modernes, 3 volumes.

RAUMER. — Les villes Lombardes au xII^{me} siècle (pubblié à Vienne en 1819.)

RIVIÈRE. — Histoire des biens communaux.

Code municipal ou recueil des principaux édits, règlements et ordonnances du roi. Grenoble 1760, 2 volumes in-12.

LAPOIX DE FREMINVILLE. — Traité général du gouvernement des biens et affaires des communautés d'habitants.

MM. Aucoc. — Des sections de communes.

Vivien. — Etudes administratives.

Reverchon. — Sur les autorisations de plaider.

Batbie. — Cours de droit administratif.

Chauveau. — Principes de compétence et de juridic-
diction administrative.

Henrion de Pansey. —Du pouvoir municipal et de
la police intérieure des
communes.

Bost. — Traité de l'organisation et des attributions
des corps municipaux.

Braff. — Administration financière des communes.
Principes d'administration communale.

Taillefer. —Commentaire de la loi du 5 mai 1855.

Toulza. — De l'administration des communes en
France, 1869.

MM. Ste-Hermine. — Organisation communale.

Tocqueville. - La démocratie en Amérique.

Laboulaye (Edouard). — L'Etat et ses limites.

Wilhelm de Humboldt. — De la sphère et des devoirs d'un gouverne-
ment.

Hillebrand. — La Prusse contemporaine et ses
institutions.

De Fooz. — Droit administratif belge.

Béchard. — Lois municipales des républiques de la
Suisse et des Etats-Unis d'Amérique.

Bury. — Droit public suisse.

Etudes sur la législation communale en
Amérique, en Angleterre et en Belgique par l'auteur de cette thèse. (Voir
la Revue Contemporaine des 31 mars
et 31 mai 1870).

MM. Serrigny. — De la compétence en matière contentieuse administrative, 3 volumes.

P. de Gerebzoff. — Essai sur l'histoire de la civilisation en Russie, 2 volumes.

Fisco et Van der Straeten. — Des taxes locales en
Angleterre.

Gneist. — La Constitution anglaise.

Giron. — Essai sur le droit communal en Belgique.

Stuart Mill. — La liberté. — Le gouvernement
représentatif.

De Laveroxe (Léonce). — Les assemblées provin-
ciales.

Cornélis de Witt. — Etudes sur l'histoire des
Etats-Unis d'Amérique,
2 volumes in-12.

Dupont White. — L'individu et l'Etat. — La centralisation.

MM. De Parieu. — Traité des impôts.

Moreau de Beaumont. — Tableau général des impôts
en Europe.

Fischel. — La constitution anglaise, 2 volumes.

Leplay. — La réforme sociale.

De Tocqueville. — La démocratie en Amérique. —
L'ancien régime et la Révo-
lution.

Delisle (Léopold). — Etudes sur la condition de la
classe agricole en Normandie
au moyen âge.

Dareste de la Chavanne. — Histoire des classes
agricoles en France.

Doniol. — Histoires des classes rurales en France.

Leber. — Histoire critique du pouvoir municipal.

Beuonot. — De l'origine et des développements des
municipalités rurales en France,
revue française, octobre 1868.

MM. BLUNTSCHLI. — Allgemeine Staatsrecht.

DEPPING. — Recueil de la correspondance administrative sous Louis XIV.

EŒTVŒS. — De l'influence des idées régnantes au
XIXme siècle.

LEYMARIE. — Histoire des paysans en France.

———

Vu par le Président de la Thèse,

GIRAUD.

Vu par le Doyen de la Faculté,

COLMET-DAAGE.

Vu et permis d'imprimer :
Le Vice-Recteur de l'Académie de Paris,

A. MOURIER.

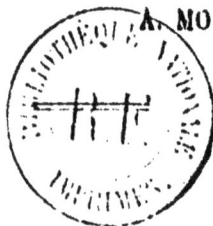

TABLE DES MATIÈRES

DROIT ROMAIN.

DROIT HISTORIQUE.

Tarbes. — Imp. Telmon.

www.ingramcontent.com/pod-product-compliance
Lightning Source LLC
Chambersburg PA
CBHW072018080426
42733CB00010B/1741